# SCHR
# MIR BITTE!

## letter-writing practice



**DAVID PHILLIPS**
University of Oxford – Department of Educational Studies
**CLAIRE MORELAND**
**CAROLINE FILMER-SANKEY**

Nelson

**Thomas Nelson and Sons Ltd**
Nelson House Mayfield Road Walton-on-Thames Surrey KT12 5PL UK

51 York Place Edinburgh EH1 3JD UK

**Thomas Nelson (Hong Kong) Ltd**
Toppan Building 10/F 22A Westlands Road Quarry Bay Hong Kong

Distributed in Australia by

**Thomas Nelson Australia**
40 La Trobe Street Melbourne Victoria 3000 Australia

**Nelson Canada**
1120 Birchmount Road Scarborough Ontario M1K 5G4 Canada



First published by **George G. Harrap and Co. Ltd** 1983
(under ISBN 0-245-53808-9)
Reprinted twice
Fourth impression published by **Thomas Nelson and Sons Ltd** 1985
(under ISBN 0-17-444636-5)
Reprinted seven times
Second edition first published by
Thomas Nelson and Sons Ltd 1990
ISBN 0-17-439226-5
NPN 9 8 7 6 5 4 3 2 1



Printed and bound in Hong Kong

# Acknowledgements

We are grateful to the following for permission to reproduce copyright material:
Pneus Michelin, Paris (p.37)
Oxford and Cambridge Schools Examinations Board (p.56–7)
London and East Anglian Group (pp.58, 60, 62, 63, 64, 66, 67, 69)
Southern Examining Group (pp.58, 63, 65)
Northern Examining Association (pp.58, 59, 61, 68)
Midland Examining Group (pp.61, 65, 66, 69, 71)
Southern Ireland Examining Board (pp.59, 64, 66, 67, 71 )
Northern Ireland Schools Examination Council (pp.63, 65)
Welsh Joint Educational Council (pp.65, 69)
The diagram on page 4 is based on the leaflet **Unsere Post 2** issued by the Bundespost.
Photographs:

Scottish Tourist Board (p.33)
Städt. Kurdirektion, Bad Wörishofen (p.34)
Informations- und Kulturamt, Schwäbisch Hall (p.35)
Landesfremdenverkehrsverband Bayern (p.35)

# Introduction

**Schreib mir bitte!** provides practice in writing letters in German. It proceeds largely by example, and it is hoped that the various sections into which the book is divided each provide enough models and varied exercises to generate successful letters from pupils on the topics covered.

We have followed the pattern of Ena Fowler's letter-writing course in French, **Amitiés** (Harrap 1980), which has been recently revised and updated in line with the new 16+ examinations (Nelson 1989), and we have used many of the ideas contained in that successful book. But we have also departed from the form of **Amitiés** where we have felt it to be appropriate: in particular we have included a general instructional section on letter writing, and a section on writing simple business letters. The book concludes with a section containing sample 16+ examination papers.

We hope **Schreib mir bitte!** will prove useful not only to those preparing for public examinations but also to learners at all stages wishing to practise writing letters in German.

David Phillips
Oxford

# Contents

# Section 1: Writing letters in German

## A. Addressing the envelope

**Absender (Abs.)**
sender (can also go on the back)

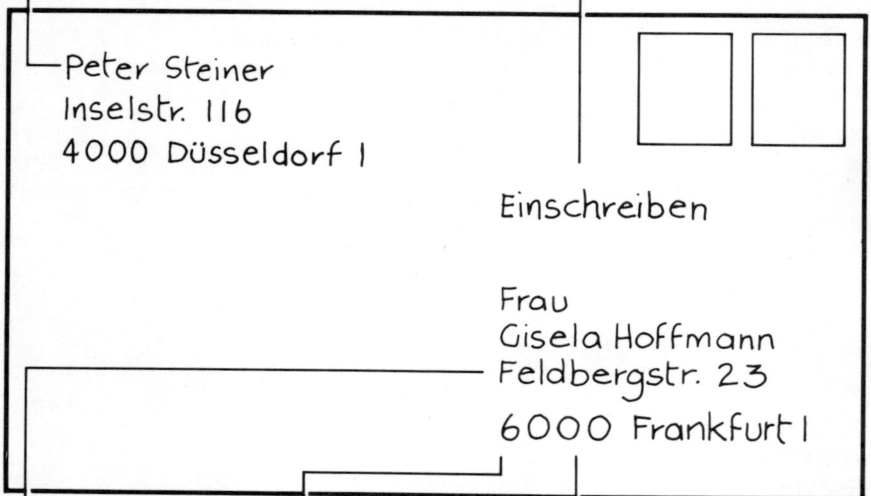


**Besondere Angaben:**
special details:

**Drucksache**
printed matter

**Luftpost**
air mail

**Einschreiben**
registered letter

**Eilzustellung**
express delivery

(labels go in the top lefthand corner)

Notice that the number of the house comes after the name of the road. **Straße** can be abbreviated to **Str.**

Note that no line of the address is indented

**Postleitzahl**
postcode
(4 figures are given)

You use the form **Herrn** when addressing envelopes

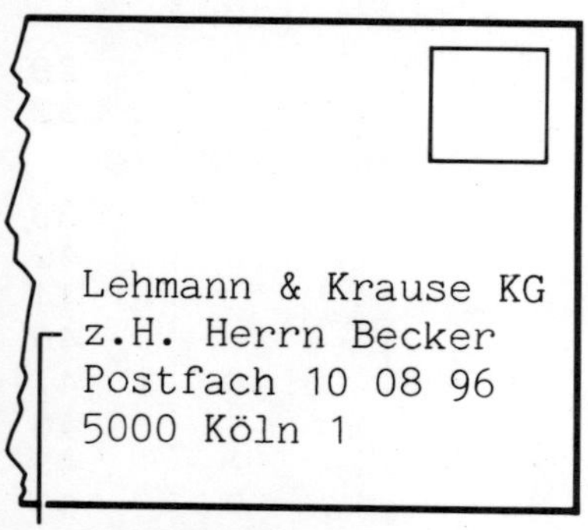


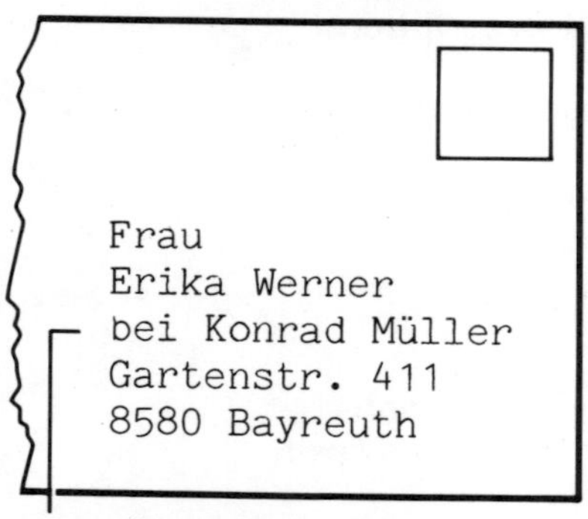


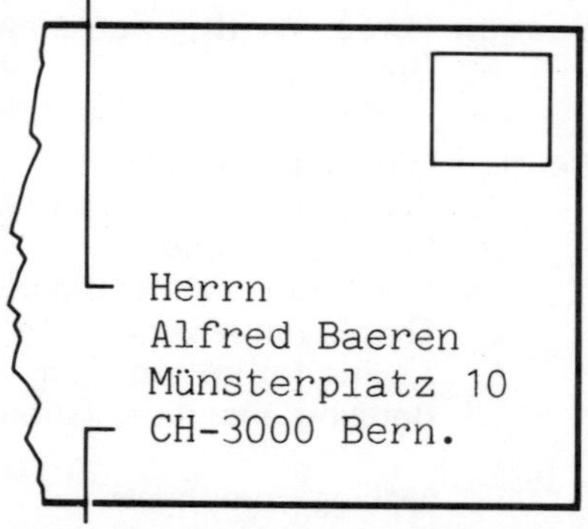


= **zu Händen**
for the attention of

**Postfach** = P.O. Box

**bei (b.)** = c/o (care of)

For addresses abroad use the international nationality signs (**CH** = Switzerland, **A** = Austria, **GB** = Great Britain, etc.)

**Exercise 1**

(a) Using the postcodes given below address envelopes to:

1. Frau Monika Heinemann, who lives at No.24 in the Bahnhofstraße in Hannover;
2. the firm of Fraenkel & Sohn GmbH, who use P.O. Box 14 68 in Bonn;
3. the Brader family, who live in Aachen at No.227 in the Schillerstraße;
4. Herr Gustav Fischer at his school, the Konrad-Adenauer-Gymnasium, in the Beethovenstraße in Bremerhaven;
5. Fräulein (Frl.) Anna von Hertl at her home in the Getreidegasse (No.98) in Altötting.

(b) Invent five names and addresses and address envelopes accordingly.

| | |
|---|---|
| **Aachen** | **5100** |
| **Altötting** | **8262** |
| **Bonn** | **5300** |
| **Bremerhaven** | **2850** |
| **Dortmund** | **4600** |
| **Hannover** | **3000** |
| **Kiel** | **2300** |
| **Marburg** | **3550** |
| **Tübingen** | **7400** |
| **Wolfsburg** | **3180** |

**Exercise 2**

1. What is the number of Frau Timmler's house?
2. Frau Timmler's house is not in a **Straße**. What does **Weg** mean? Find further examples on this page of addresses not involving the word **Straße**.
3. Why do you think there is a mark over the u in **Frau**?
4. The sender of this letter is Frau Kellermann. Her first name is Monika and she lives in Rheine (post code 4440) at No.78 in Schleusenstraße. Write out her address as it would appear on the back of the envelope.

# B. Beginning and ending letters

## (a) How to begin

> (1) Nördlingen, den 8. August 1989
>
> (2) Lieber Hans,

1 Notice that you don't need the full address of the sender: this goes on the envelope (top lefthand corner, or on the back).

2 **Lieber** for a man or boy, **Liebe** for a girl, **Liebes** with **Fräulein...**, **Liebe** for plural forms like **Herren, Klaus und Monika** etc., is the word used for friends and others you know well. Some young people nowadays write **Hallo Klaus! Hallo Ute!** etc.

> (3) Hamburg d. 4. 11. 89
>
> Liebe Frau Mendel,

3 Notice how the date is written: **den** can be abbreviated to **d.**; or you can simply write 4.11.89 etc.

> (4) Bad Godesberg, 24.9.89
>
> Sehr geehrter Herr Baumgartner! (5)

4 **Sehr geehrter** for a man, **Sehr geehrte** for a woman, **Sehr geehrtes** if you use **Fräulein**, and **Sehr geehrte** for plural forms, is the formal style of address in letters.

5 Sometimes an exclamation mark is used here instead of a comma.

## (b) How to finish

To a friend:

> (1) viele Grüße,
>
> (2) Dein Hans

1 Or you can say **mit vielen Grüßen**, or **herzliche Grüße** (or **mit herzlichen Grüßen** or **herzlichst)**.

2 Or **Deine** if the writer is a girl.

To a business colleague or someone you don't know well:

> Mit freundlichen Grüßen (3)
>
> Ihr (4) Beckmann
>
> Dr. Beckmann

3 Or **mit freundlichem Gruß** – a slightly more formal expression.

4 The polite form (**Ihre** if the letter is from a woman).

> (5) Hochachtungsvoll
>
> Fa. Goldmann AG
>
> Stefanek i.A. (6)

5 A very formal way of finishing, for example, a business letter. Another possibility here is **mit vorzüglicher Hochachtung**.

6 i.A. = pp. (on behalf of).

**Exercise 3**

Make a list of all the forms you can spot for ending letters from the following genuine examples and say, if you can, what sort of letter they come from:

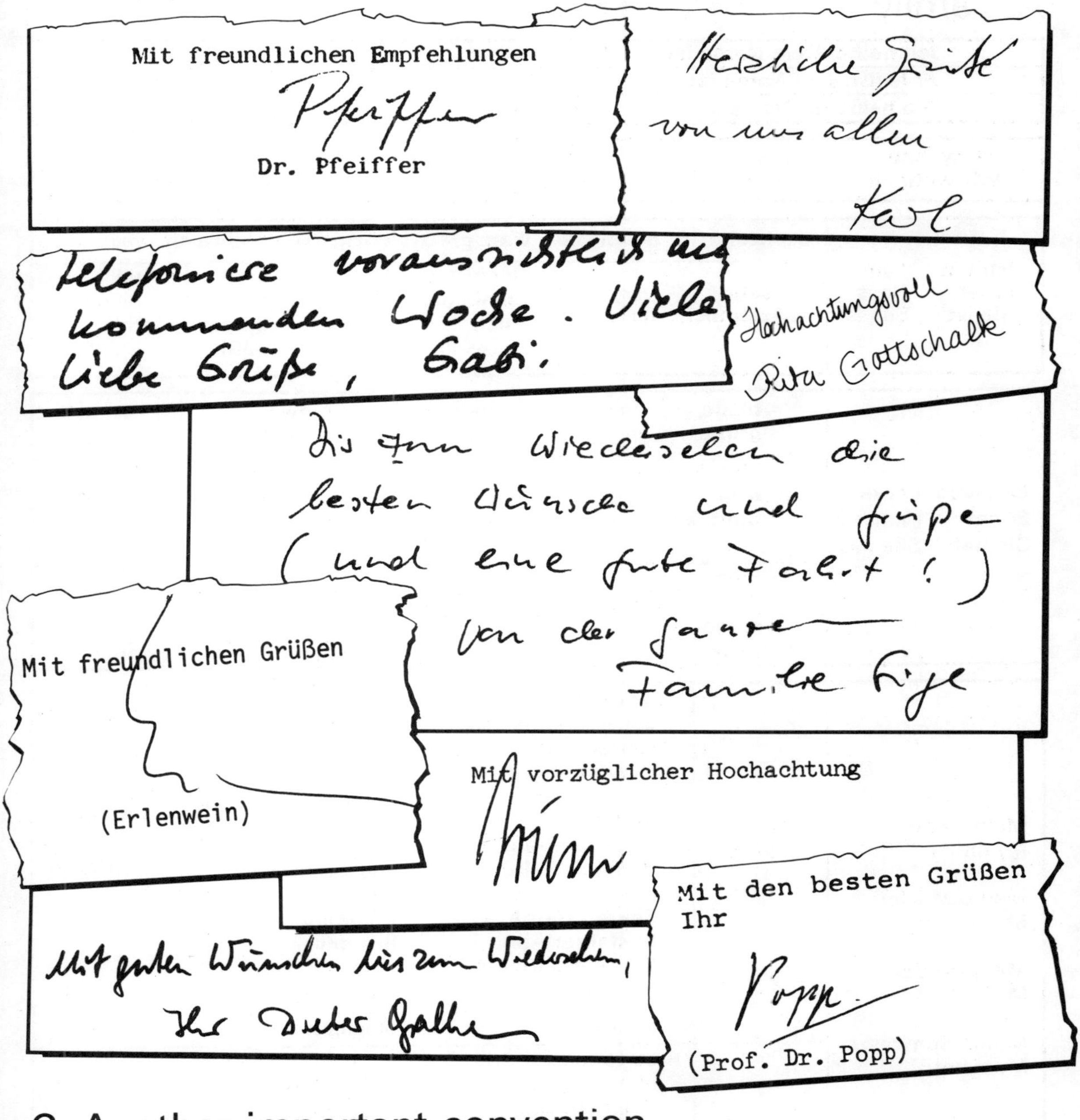

Mit freundlichen Empfehlungen

Pfeiffer

Dr. Pfeiffer

Herzliche Grüße

von uns allen

Karl

telefoniere voraussichtlich in der kommenden Woche. Viele Liebe Grüße, Gabi.

Hochachtungsvoll

Rita Gottschalk

Bis zum Wiedersehen die besten Wünsche und Grüße (und eine gute Fahrt!) von der ganzen Familie [illegible]

Mit freundlichen Grüßen

(Erlenwein)

Mit vorzüglicher Hochachtung

Mit guten Wünschen bis zum Wiedersehen,

Ihr [illegible]

Mit den besten Grüßen

Ihr

Popp

(Prof. Dr. Popp)

# C. Another important convention

You may have noticed that **Dein** and **Deine** are written with a capital in the letter endings. The same goes for all the other familiar words for 'you' and 'your' when they are used in letters (but only in letters) – **Du, Dich, Dir, Dein**; and (referring to more than one person) **Ihr, Euch, Euer**. The formal words for 'you' and 'your' (**Sie, Ihnen, Ihr**) are of course always written with a capital.

# Section 2: Writing about yourself

## A. Family

| | | |
|---|---|---|
| **Ich heiße/Mein Name ist** | My name is | Robert |
| **Er heißt/Sein Name ist** | His name is | |
| **Sie heißt/Ihr Name ist** | Her name is | Anne |

| | | | | |
|---|---|---|---|---|
| **Ich wohne** | I live | **in London** | **in der Stadt** | in the town |
| **Wir wohnen** | We live | **in Oxford** | **auf dem Lande** | in the country |

| | | | | | |
|---|---|---|---|---|---|
| **Ich bin** I am | **sechzehn/16 dreißig/30 vierzig/40 siebzig/70** | | | **Jahre alt** | years old |
| **Er ist** He is | **sehr** very | **klein** | small | **groß** | tall |
| **Sie ist** She is | **ziemlich** quite | **schlank** | slim | **rundlich** | plump |
| | | **dick** | fat | **mager** | thin |
| | | **hübsch** | pretty | **häßlich** | ugly |

| | | | | | |
|---|---|---|---|---|---|
| **Ich habe** I have | **blaue** blue | **grüne** green | **braune** brown | **graue** grey | **Augen** eyes |
| **Er hat** He has | **blonde** blond | **rote** red | **braune** brown | | **Haare** hair |
| **Sie hat** She has | **schwarze** black | **graue** grey | **hellbraune** light brown | **dunkelbraune** dark brown | |
| | **eine** | one | **Schwester** | sister | |
| | **zwei** | two | **Schwestern** | sisters | |
| | **einen** | one | **Bruder** | brother | |
| | **zwei** | two | **Brüder** | brothers | |

| | | | | |
|---|---|---|---|---|
| **Mein Vater** My father | **ist** is a/an | **Beamte(r)** | civil servant | **(von Beruf)** by trade/profession |
| **Meine Mutter** My mother | | **Bankangestellte(r)** | bank employee | |
| **Mein Bruder** My brother | | **Lehrer(–in)** | teacher | |
| **Meine Schwester** My sister | | **LKWfahrer(–in)** | lorry driver | |
| | | **Arzt (Ärztin)** | doctor | |
| | | **Metzger(–in)** | butcher | |
| | | **Schaffner(–in)** | conductor | |
| | | **Verkäufer(–in)** | shop assistant | |
| | | **Ingenieur** | engineer | |
| | | **Sekretär(–in)** | secretary | |
| | | **Busfahrer(–in)** | bus driver | |
| | | **Krankenschwester** | nurse | |
| | | **Hausfrau** | housewife | |
| | | **arbeitslos** | unemployed | |
| | **arbeitet** works | **zu Hause** | at home | |
| | | **in einer Fabrik** | in a factory | |
| | | **in einem Büro** | in an office | |
| | | **in einem Kaufhaus** | in a department store | |
| | | **in einer Bank** | in a bank | |
| | | **in einer Autowerkstatt** | in a garage | |
| | | **in einer Schule** | in a school | |
| | | **in einem Krankenhaus** | in a hospital | |
| | | **in einem Supermarkt** | in a supermarket | |

# Some questions to ask:

| | | | |
|---|---|---|---|
| **bist Du?**<br>**Wie alt sind Sie?**<br>**sind sie?** | How old are you?<br>How old are they? | **Hast Du**<br>**Haben Sie** **Geschwister?** | Have you any brothers and sisters? |
| **Wie heißen sie?**<br>**Wie sind ihre Namen?** | What are they called? | **siehst Du aus?**<br>**Wie sehen Sie aus?**<br>**sehen sie aus?** | What do you look like?<br>What do they look like? |
| **Was sind Deine / Ihre Eltern von Beruf?** | | What do your parents do? | |

**Exercises**

1. (a) Give the name and the age of some people in your family.
   (b) Describe 5 young people you know. Say how old they are and what they look like.
   (c) Describe 5 adults (known to you or imaginary). Say where they live and what they do for a living.
2. Read the following letter and answer in English the questions that follow:

Frankfurt, den 24. Februar

Liebe Jenny,

Mein Englischlehrer hat mir Deine Adresse gegeben, und ich freue mich sehr, eine englische Brieffreundin zu haben. Ich bin sechzehn Jahre alt und habe am vierten Januar Geburtstag. Ich habe eine Schwester, Sabine, die achtzehn Jahre alt ist, und einen Bruder, Klaus, der nur ein Jahr jünger ist als ich. Ich habe blaue Augen und blonde Haare, wie meine Schwester auch. Das ist typisch deutsch! Mein Bruder aber hat schwarze Haare und sehr dunkle Augen, was hier ziemlich ungewöhnlich ist. Ich bin groß und schlank, genauso wie Klaus. Sabine und meine Mutter sind klein und rundlich, und mein Vater ist leider sehr dick!

Mein Vater ist Metzger von Beruf, und meine Mutter arbeitet in einem Supermarkt. Wir wohnen in Frankfurt, nicht weit von der Schule entfernt. Die Stadt ist zwar häßlich, aber es ist immer viel los.

So, Schluß für heute! Schreib bald und schick mir bitte ein Foto von Dir!

Viele Grüße, Dein Jürgen

1. How old is Jürgen and when is his birthday?
2. How old is Jürgen's sister and what does she look like?
3. Describe his brother; why does he look unusual?
4. What do Jürgen's parents do for a living?
5. What does Jürgen say about Frankfurt?

3. Copy out the following letter, filling in the gaps.

| ADDRESS: | ______________, |
|---|---|
| DATE: | den ______ ______ |

Lieber Lutz,

vielen Dank für Deinen lieben Brief. Ich habe mich darüber sehr gefreut. Ich bin ______ Jahre alt und habe am ______ März Geburtstag. Ich habe eine Schwester; ihr Name ist ______ und sie ist ______ Jahre alt. Sie hat ______ Haare und ______ Augen und sie ist etwas ______ .

Ich habe auch zwei Brüder. Der eine heißt ______ und ist ______ Jahre alt. Er hat ______ Haare und ______ Augen. Der andere heißt ______ und ist ______ Jahre alt. Er hat ______ Haare und ______ Augen.

Mein Vater arbeitet ______ und meine Mutter ist ______ von Beruf. Wir wohnen in ______ . Das ist eine ______ Stadt in Südwestengland.

Laß bald von Dir hören!

Dein(e) Brieffreund(in)

NAME: ______________

4. Write a first letter to your German penfriend along the following lines:
Thank him/her for his/her letter. Describe your family – names, ages, appearances, what they do, where they work. Describe where you live.

# B. Friends

| | | | |
|---|---|---|---|
| **Ich habe**<br>I got to know | **ihn**<br>him<br><br>**sie**<br>her | **im Jugendklub**<br>in the youth club<br>**in der Schule**<br>at school<br>**in den Schulferien**<br>in the holidays<br>**bei Bekannten**<br>at friends'<br>**auf Urlaub**<br>on holiday | **kennengelernt** |

| | | | | | |
|---|---|---|---|---|---|
| **Ich habe**<br>I like | **ihn**<br>**sie** | him<br>her | **sehr**<br>**ganz** | very much<br>quite a lot | **gern** |

| | | | |
|---|---|---|---|
| **Ich finde**<br>I think | **ihn**<br>he's<br>**sie**<br>she's | **sehr**<br>very<br>**äußerst**<br>extremely<br>**ziemlich**<br>quite | **nett** nice<br>**sympathisch** easy to get on with<br>**freundlich** friendly<br>**interessant** interesting<br>**schüchtern** shy<br>**arrogant** arrogant<br>**aufgeschlossen** open-minded<br>**eingebildet** big-headed |
| **Er** He<br>**Sie** She | **ist** is | | |

| | | | |
|---|---|---|---|
| **Ich** I | **mag** don't like<br>**kann** can't stand | **ihn** him<br>**sie** her | **nicht**<br>**nicht leiden** |

| | | | |
|---|---|---|---|
| **Wir** We | **verstehen uns** get on | **gut** well<br>**sehr gut** very well<br>**prima** excellently<br>**schlecht** badly | |
| | **kommen miteinander** get on with each other | | **aus** |
| | **gehen uns auf die Nerven** get on each other's nerves | | |

| | | | |
|---|---|---|---|
| **Wir** We | **treffen uns** meet | **öfters** often<br>**viel** a lot<br>**immer** always<br>**jede Woche** every week<br>**abends** in the evening<br>**normalerweise** normally<br>**meistens** mostly | **beim Kaffee** over coffee<br>**im Jugendklub** in the youth club<br>**im Sportzentrum** in the sports centre<br>**in der Schule** at school |
| | **gehen** go | | **aus** out<br>**auf Partys** to parties<br>**in die Disco** in the disco<br>**spazieren** for a walk |

**Exercises**

1. Read this letter and answer the questions:

Eschersheim, den 12. Dezember 1989

Lieber Reinhard!

Herzlichen Dank für Deinen langen Brief. Ich habe mich darüber sehr gefreut. Toll, daß Du in Deiner neuen Schule soviele Leute schon kennengelernt hast! Im Jugendklub habe ich einen sehr netten Jungen namens Joachim kennengelernt. Er ist 16 Jahre alt und wohnt bei uns in der Nähe. Er ist genauso groß wie ich, nur ein bißchen magerer und hat rote Haare und grüne Augen. Wir treffen uns normalerweise im Klub oder im Sportzentrum. Wir unternehmen viel zusammen. Am Wochenende fahren wir öfters aufs Land und wandern. Abends gehen wir ab und zu in eine Disco oder auf eine Party. Manchmal bleiben wir auch einfach zu Hause. Da können wir Platten hören, fernsehen oder uns gut unterhalten. Kurzum, ich finde ihn äußerst interessant und sympathisch, und wir kommen prima miteinander aus.
Ich habe aber viel zu viel von mir erzählt. Wie geht es Dir? Vermißt Du Deine alten Freunde?

Schreib bald

Dein Kurt

1. Why has Reinhard met so many new people?
2. Where did Kurt meet his new friend?
3. Where does Joachim live?
4. How old is Joachim, and what does he look like?
5. Where do the two normally meet?
6. What do they do at the weekends?
7. Where else do they go in the evenings?
8. How do they spend their evenings at home?

2. Write Reinhard's reply to this letter, saying how he is getting on at his new school and describing any people he has met whom he particularly likes or dislikes.

3. Write your own letter to a penfriend describing a new friend you have met and how you spent the time with him/her.

Here are some letters written to an English girl from her German relatives. Read them and answer the questions below:

Hallo Tania!

Angelika hat mir gesagt, daß sie mir am Samstag eine Weihnachtskarte von Dir gibt. Vielen Dank für die Karte.

Vorigen Sonntag kam der Beatles-Film „Help" im Fernsehen. Er war sehr lustig. Ich wünsche Dir und Deiner Familie schöne Weihnachten und ein glückliches neues Jahr.

Viele Grüße von

Beate

P.S. Schreib mal wieder.

Meine liebe Tania!

Für Deine liebe Überraschung mit Deinem Weihnachtspäckchen danke ich Dir ganz herzlich. Du hast mir damit eine grose Freude gemacht.

Am Heilig-Abend wird das Päckchen erst geöffnet, und ich werde dabei an Dich denken.

Ich wünsche Dir auch alles Liebe und Gute und ein schönes Weihnachtsfest im Kreise Deiner Lieben.

Deine Graßmutter
Flachmann

**A**
1. What has Angelika told Beate?
2. What did Beate see last Sunday?
3. What did she think of it?

**B**
1. When will the writer open her present?
2. What relation is she to Tania?

Hello Tania! Vlotho den 15.3.1989

Vielen Dank für Deinen Brief. Mir geht es gut. Ich hoffe Dir auch. Du hast mir Fragen gestellt. Ich will sie Dir beantworten. Ich hoffe, Du kannst es verstehen. Ich treibe sehr gerne Sport. Am liebsten reite ich natürlich. Ich spiele sehr gerne Basketball, Tischtennis, fahre gerne Rollschuh und schwimme gern. Eigentlich mag ich alles, was mit Sport zu tun hat.

Ich hatte am 20.2. Geburtstag, ich bin also nun 14 Jahre alt, aber ich hoffe, das stört Dich nicht.

Nach der Schule ruhe ich mich immer etwas aus und dann gehe ich mit Bessie weg. Dann mache ich Hausaufgaben. Wenn ich damit fertig bin gehe ich zu den Pferden oder zum Sport. Meine Lieblingsstunden sind die Sportstunden, aber wir haben leider nur 2 in der Woche.

**C**
1. What does the writer like doing?
2. When is her birthday?
3. How old is she?
4. What does she do after school?
5. What does she do after that?
6. And <u>then</u> what does she do?
7. What is her favourite subject?
8. How many lessons in this subject does she have each week?
9. Finish the letter off!

Hallo Tania! 18.3.89

Vielen Dank für Deinen Brief, über den ich mich sehr gefreut habe. Ich hoffe, daß es Dir und Deiner Familie gut geht. Geht es Johnnie und Deiner Katze auch gut? Mir geht es gut. Ich hatte auch schöne Weihnachten und habe viele Geschenke bekommen. Wie ist das Wetter in England? Hier regnet es viel.

Viele Grüße an Dich
von Beate

E 1. Who does Beate enquire about?
2. How long has it been, do you think, since she was last in touch?

NEW YORK, N.Y. OCT 29 PM 1989

Fräul
Tania
56 Abbe
WITN
OXO

New York den 27.10.89

Liebe Tania!
Herzliche Grüße an Dich und Deine Familie von Manfred und Wilma Flachmann. Wir sind 1 Woche in New York, da mein Mann hier an dem Marathonlauf teilnimmt. Es ist großartig hier. Angelika wäre gerne mitgeflogen.

Alles Gute für Dich, von

Flachmanns

D 1. How long are the Flachmanns going to be in New York?
2. What is Herr Flachmann going to do in New York?
3. Did Angelika go to New York with them?

Liebe Tania!
Wir hoffen, daß es Dir und Deiner Familie gut geht. Für Dein Geld habe ich mir eine schöne Vase gekauft und Süßes für die Kinder. Vielen Dank, ich habe mich sehr gefreut!
Liebe Tania, wir denken noch oft an Dich und hoffen, daß auch Du gerne an die Zeit bei uns zurückdenkst.
Herzliche Grüße an Dich und Deine Familie von Silja, Jörg, Manfred u. Wilma Flachmann

F 1. What has Tania sent to the Flachmanns?
2. What did Frau Flachmann do with it?
3. What does she hope Tania does?

# C. Interests and free time

| | | |
|---|---|---|
| **Ich spiele gern**<br>I like playing<br><br>**Er/sie spielt gern**<br>He/she likes playing | **Tischtennis**<br>**Tennis**<br>**Federball**<br>**Fußball**<br>**Handball**<br>**Schach**<br>**Eishockey**<br>**Klavier**<br>**Gitarre**<br>**Flöte**<br>**Geige**<br>**Schlagzeug** | table tennis<br>tennis<br>badminton<br>football<br>handball<br>chess<br>ice hockey<br>piano<br>guitar<br>flute<br>violin<br>drums |

| | | |
|---|---|---|
| **Mein Hobby ist**<br>My hobby is<br><br>**Sein/ihr Hobby ist**<br>His/her hobby is | **Reiten**<br>**Malen**<br>**Basteln**<br>**Briefmarkensammeln/ Münzensammeln**<br>**Singen**<br>**Tanzen**<br>**Schwimmen**<br>**Turnen** | riding<br>painting<br>handicraft<br>collecting stamps/coins<br>singing<br>dancing<br>swimming<br>gymnastics |

| | | |
|---|---|---|
| **Ich möchte gern**<br>I should like (to have) | **ein Fahrrad**<br>**ein Mofa**<br>**ein Radio**<br>**eine Stereoanlage**<br>**einen Kassettenrecorder** | a bicycle<br>a moped<br>a radio<br>a stereo<br>a cassette recorder |

| | | |
|---|---|---|
| **Es ist**<br>It's | **langweilig**<br>**interessant** | boring<br>interesting |
| **Es gefällt mir**<br>I like it | **gut**<br>**prima** | <br>very much |

# Some questions to ask:

| | | |
|---|---|---|
| **Spielst Du gern**<br>Do you like playing | **Tischtennis usw. ?**<br>table tennis etc. ? | **Mit wem?** Who with?<br>**Wann?** When? |
| **Was machst Du**<br>What do you do | **samstags?**<br>**am Wochenende?**<br>**abends?**<br>**in den Sommerferien?** | on Saturdays?<br>at the weekend?<br>in the evenings?<br>in the summer holidays? |

**Exercises**

1. Make a list of your own interests and hobbies in German.

2. Answer these questions on the letter on the right.
   (a) How long are the Easter holidays in Hamburg this year?
   (b) Where is Ute going to watch **Ein Sommernachtstraum?**
   (c) What is the play said to be like?
   (d) What kind of films does Ute like to see?
   (e) Name another hobby of Ute's.

3. Write a brief answer to the letter, telling Ute about your hobbies.

Hamburg den 3. März 1989

Liebe Sara,

Es war sehr schön, einen langen Brief von Dir zu bekommen – danke vielmals!

Sind schon Osterferien in England? Hier in Hamburg haben wir vier Wochen frei – das ist viel, nicht? Was wirst Du während der Ferien machen? Ich gehe immer sehr gern ins Theater. In zwei Wochen gibt es eine Aufführung von 'Ein Sommernachtstraum' im Volkstheater, und ich freue mich wahnsinnig darauf. Das Stück soll unheimlich lustig sein, obwohl die Sprache ziemlich schwierig ist.

Ich gehe auch oft ins Kino – was für Filme siehst Du gern? Ich persönlich mag Krimis am besten. Siehst Du oft fern? Welche Sendungen magst Du am liebsten?

Am Samstag gehe ich mit einigen Freunden zum Jugendklub. Es gibt dann eine Disco, und ich tanze immer gern. Ich schwärme auch für Rockmusik und versuche immer, Karten für die Konzerte meiner Lieblingsstars zu bekommen. Welche Gruppen magst Du eigentlich? Hast Du einen eigenen Plattenspieler?

Also, bis bald! Herzliche Grüße,

Deine Freundin

Ute

| | | |
|---|---|---|
| **Ich arbeite**<br>I work | **in einer Fabrik**<br>**in einem Supermarkt**<br>**in einem Laden**<br>**in einer Autowerkstatt**<br>**in einem Krankenhaus** | in a factory<br>in a supermarket<br>in a shop<br>in a garage<br>in a hospital |
| **Ich muß**<br>I have to | **Zigaretten/Zeitungen verkaufen**<br>**an der Kasse arbeiten**<br>**Zeitungen austragen**<br>**Autos putzen** | sell cigarettes/newspapers<br>work at the till<br>deliver newspapers<br>clean cars |
| **Der Chef ist**<br>The boss is | **sehr nett**<br>**(un)freundlich**<br>**streng** | very nice<br>(un)friendly<br>strict |
| **Ich verdiene**<br>I earn | **nicht genug Geld**<br>**viel Geld**<br>**100 Mark im Monat** | not enough money<br>a lot of money<br>100 Marks a month |
| **Ich arbeite**<br>I work | **nur vormittags**<br>**8 Stunden**<br>**frühmorgens** | only in the morning<br>for 8 hours<br>early in the morning |
| **Mit dem Geld werde ich**<br>With the money I'll buy | **ein Fahrrad usw.**<br>a bicycle etc. | **kaufen** |

**Exercises**

4. Write a paragraph about your Saturday job, if you have one.
5. What would your ideal job be like? Write to a penfriend about it.

| | | |
|---|---|---|
| **Ich spiele gern**<br>I like playing<br><br>**Ich spiele lieber**<br>I prefer playing | **Tischtennis**<br>**Backgammon**<br>**Billard**<br>**Gitarre**<br>**Schlagzeug** | table tennis<br>backgammon<br>billiards<br>guitar<br>drums |

| | | |
|---|---|---|
| **Ich verbringe die Zeit beim**<br>I spend the time | **Tanzen**<br>dancing<br>**Colatrinken**<br>drinking Coke<br>**Billardspielen**<br>playing billiards<br>**Schallplattenhören**<br>listening to records | |
| I don't like | | **mag ich nicht** |

| | | |
|---|---|---|
| **Ich kann nicht**<br>I don't know how to | **tanzen**<br>**singen**<br>**Gitarre spielen** | dance<br>sing<br>play the guitar |

| | | | |
|---|---|---|---|
| **Es macht mir Spaß,**<br>I really enjoy | | **Platten zu hören**<br>**Kaffee zu trinken**<br>**mit meinen Freunden zu schwatzen** | listening to records<br>drinking coffee<br>chatting with my friends |
| **Ich finde es**<br>I think it's | **toll/klasse,**<br>great<br>**interessant,**<br>interesting | | |

**Exercises**

6. Thomas Müller has filled in a questionnaire from his youth club. Write a letter from Thomas to his friend Karl giving information about his likes and dislikes.

| FRAGEBOGEN | JUGENDKLUB ST. FLORIAN, KARLSRUHE | | |
|---|---|---|---|
| Name: Thomas Müller | | | |
| Was machst du gern? | gern | sehr gern | gar nicht |
| Tanzen | ✓ | | |
| Tischtennis spielen | ✓ | | |
| Billard spielen | | ✓ | |
| Cola trinken | | ✓ | |
| Partys veranstalten | | | ✓ |
| Platten hören | | | ✓ |
| Andere Interessen oder Wünsche? | Ja, könnten wir nicht einen Farbfernseher kaufen? | | |

7. Read the following letter and answer the questions below:

15 Castle Lane
London SW10.

Hallo Wolfgang,

Vielen Dank für Deinen Brief. Ich habe mal gefragt, ob jemand dem Bernd schreiben will und meine Freundin Sarah hat sich gemeldet. Hier ist ihre Adresse: Miss S. Jones, 12 Lambourne Crescent, London SW10.

Du hast jetzt wieder Schule, oder? Du Armer! Was machst Du eigentlich in Deiner Freizeit? Ich gehe zweimal in der Woche zum Jugendzentrum. Da haben wir eine Art Jugendklub, wo wir alles Mögliche unternehmen. Es macht mir Spaß, mit meinen Freunden zu schwatzen. Ich tanze sehr gern, aber Sarah hört lieber Platten. Es dürfen nur Klubmitglieder hinein. Letzte Woche war wieder was los. Zwei Betrunkene wollten in den Klub hinein, und wir mußten die Polizei holen!

Ich habe Dir doch geschrieben, daß ich gern Gitarre spiele. Jetzt wollen wir im Klub eine Band zusammenstellen. Hoffentlich können wir dann später andere Jugendklubs besuchen, um zu spielen. Mal sehen! Jedenfalls finde ich's toll! Es fehlt uns nur noch ein Name für unsere Band. Hast Du vielleicht Ideen?

So, das ist alles für heute. Mach's gut!

Deine Jenny

1. How often does Jenny go to the youth club?
2. What do she and Sarah do there?
3. Why was there trouble there last week?
4. How did it end?
5. What instrument does Jenny play?

8. Write a letter of your own describing your youth club, what you like and do not like doing there, and any other news you have.

9. Complete this letter:

(ADDRESS)
(DATE)

Lieber Manfred,

vielen Dank für Deinen Brief. Ich gehe auch gern in den Jugendklub. Ich gehe jeden ______ dorthin. Ich spiele gern ______ und ______, aber ich mag nicht ______. Mein(e) Freund(in) spielt lieber ______ und ______ auch gern. Manchmal macht es uns Spaß, ________________. Wenn mein(e) Freund(in) nicht da ist, verbringe ich die Zeit beim ______.

Unser Klubleiter ist sehr nett. Er heißt ______; er ist ______ Jahre alt und er sieht gut aus. Er hat ______ Haare und ______ Augen . . . .

(ADD A LITTLE NEWS OF YOUR OWN)

Schreib bald!
Viele Grüße,
(NAME)

10. Read the following letter and answer the questions:

Kassel, den 11. November

Liebe Carol!

Vielen Dank für Deinen Brief, den ich vor drei Wochen bekommen habe. Entschuldige bitte, daß ich erst heute schreibe. Ich bin ja sehr schreibfaul! Du auch, nicht? Oder schreibst Du gern Briefe?

Bei mir war in letzter Zeit ziemlich viel los. Wir haben nämlich in unserer Stadt ein neues Sportzentrum, wo ich dreimal in der Woche hingehen darf. Da kann man allerlei Sport treiben. Man zahlt natürlich Eintritt, aber das ist eigentlich ganz günstig, und wenn man Sportartikel braucht, gibt es sie dort zu mieten. Das finde ich gut, denn ich könnte es mir sonst nicht leisten, Federball, Tischtennis und dergleichen zu spielen. Mein Lieblingssport aber - was wir leider bei uns nicht treiben können - ist Skilaufen. Dieses Jahr fahre ich zum dritten Mal mit der Klasse nach Österreich.

Ich finde es klasse, daß Du Gitarre spielst. In meiner Freizeit spiele ich öfters Klavier. Später will ich in einer Jazzband spielen.

Zum Schluß habe ich eine Bitte. Ich sammle eifrig Briefmarken und habe bis jetzt nur wenige aus England. Hast Du vielleicht welche, die Du mir zuschicken kannst?

So, Schluß für heute.

Viele Grüße,
Deine Karin

(a) 1. Does Karin like writing letters?
2. How old is the sports centre?
3. How often is Karin allowed to go there?
4. Has she her own sports equipment?
5. How many times has she been skiing?
6. What instrument does Carol play?
7. What does Karin want to do with her piano playing later?
8. Why does Karin want to be sent English stamps?

(b) Write a letter from Carol to Karin.

# D. Home

| | | |
|---|---|---|
| **Meine Wohnung ist**<br>My flat is | **im Untergeschoß** | in the basement |
| | **im Erdgeschoß** | on the ground floor |
| | **im ersten Stock** | on the 1st floor |
| | **im zweiten Stock** | on the 2nd floor |

| | | |
|---|---|---|
| **Mein Haus liegt**<br>My house is | **im Stadtzentrum** | in the town centre |
| | **am Stadtrand** | on the edge of town |
| | **auf dem Lande** | in the country |
| | **in einem Dorf** | in a village |
| | **weit von der Stadt entfernt** | far from the town |
| | **in der Nähe der Stadt** | near the town |
| | **an der Hauptstraße** | on the main road |
| | **in einem großen Garten** | in a large garden |

<table>
<tr><td rowspan="4">Ich wohne<br>I live</td><td rowspan="2">in einem<br>in a</td><td>schönen attractive<br>großen large<br>neuen new<br>alten old</td><td>Hochhaus tower block<br>Wohnblock block of flats<br>Einfamilienhaus detached house</td></tr>
<tr><td colspan="2">Neubau new building<br>Altbau old building</td></tr>
<tr><td>in einer in a</td><td colspan="2">Dreizimmerwohnung 3 room flat</td></tr>
<tr><td>bei<br>with</td><td colspan="2">meinen Eltern my parents<br>meiner Tante my aunt<br>Bekannten friends</td></tr>
</table>

| | | | | |
|---|---|---|---|---|
| **Oben** | Upstairs | **ist/sind**<br>there is/are | **vier Zimmer** | 4 rooms |
| **Unten** | Downstairs | | **drei Schlafzimmer** | 3 bedrooms |
| **Im Obergeschoß** | On the first floor | | **ein Eßzimmer** | a dining room |
| **Im Keller** | In the cellar | | **ein Wohnzimmer** | a living room |
| **Im Dachgeschoß** | In the attic | | **eine Küche** | a kitchen |
| | | | **ein Badezimmer** | a bathroom |
| | | | **eine Toilette** | a toilet |
| | | | **ein Kinderzimmer** | a children's room |

## Exercises

1. Read the letter from Ingrid and answer the following questions:

   (a) When did Ingrid receive Robert's letter?
   (b) How big is her family's flat?
   (c) What do they use the cellar for?
   (d) Why does Heike's family need a larger flat?
   (e) What does her father do for a living?
   (f) What does she like doing in her free time?

Bad Godesberg d. 15 März

Lieber Robert,

Für Deinen Brief, den ich gestern bekommen habe, herzlichen Dank. Es war auch nett, ein Foto von Dir zu bekommen. Diesem Brief lege ich ein Foto von mir bei, ich muß sagen, es gefällt mir gar nicht, denn ich grinse so furchtbar. Normalerweise sehe ich nicht so blöd aus!

Du hast mich gebeten, meine Wohnung zu beschreiben. Ich wohne hier in Bad Godesberg, ganz in der Nähe von Bonn, der Bundeshauptstadt. Unsere Wohnung ist im zweiten Stock eines schönen Wohnblocks. Wir haben im ganzen sechs Zimmer: drei Schlafzimmer (darunter eins für Gäste), ein Wohnzimmer, eine Küche und ein Badezimmer. Im Keller haben wir auch noch etwas Platz, wo wir Fahrräder, Wein, Bier und andere Getränke, Koffer und Kisten usw. hinstellen können. Dort steht auch unsere Waschmaschine.

Meine Freundin Heike wohnt auch in diesem Block. Ihre Wohnung ist etwas größer als unsere, denn sie hat zwei Brüder (armes Mädchen!). Heikes Vater ist Handelsreisender und ist daher oft unterwegs. Wenn er aber von seinen Reisen zurückkommt, bringt er immer etwas Schönes für Heike mit. Manchmal gibt's auch eine Kleinigkeit für mich.

In unserer Freizeit gehen wir gerne zusammen in eine Diskothek. Das machen alle unsere Bekannten gern. Machst Du auch gern so was? Wenn ich nächstes Jahr nach England komme, könnten wir vielleicht mal zusammen tanzen gehen. Was meinst Du?

Schreib bald wieder und laß mich bitte wissen, wie Deine Wohnung aussieht.

Tschüß

Ingrid

2. Write Robert's reply to her letter, describing his flat or house in England.

3. Read Werner's letter and write Rachel's reply to it, describing her home in England.

Bornheim, den 10. Juli

Liebe Rachel,

Nach langer Funkpause bin ich's wieder! Vielen Dank für Deinen lieben Brief und für die Fotos von Deiner Heimatstadt. Es hat mich alles sehr interessiert! Vielleicht könnte ich mal zu Dir überkommen!

Bei uns ist zur Zeit vielleicht eine Hektik! Wie Du weißt, ziehen wir in einer Woche nach Neu-Isenburg um. Die Stadt ist ein Vorort von Frankfurt, der während des Krieges zerbombt wurde. Daher sind die meisten Häuser relativ neu. Du kannst Dir aber wahrscheinlich vorstellen, daß wir trotzdem in der neuen Wohnung ziemlich viel renovieren müssen. Sie befindet sich in einem Hochhaus am Rande der Stadt. Unser Wohnblock selbst bildet eigentlich eine Stadt für sich. Da haben wir alles, was wir fürs tägliche Leben brauchen. Im Erdgeschoß sind kleine Läden, wo man praktisch alles kaufen kann, und dazu gibt's noch ein Gemeinschaftszimmer, das alle Einwohner benutzen können. Das finde ich toll, denn in den meisten Hochhäusern werden die Leute sehr oft von ihren Mitmenschen isoliert. Dazu kommt ein Schwimmbad, das gerade gebaut wird. Klasse, was?! Unsere Wohnung besteht aus 4 Zimmern. Ich habe mein eigenes Schlafzimmer (zum ersten Mal!), und dazu gibt es noch eine Küche, ein Wohnzimmer und das Schlafzimmer meiner Eltern. Ich erzähle aber schon wieder viel zu viel von mir! Ich habe Dich noch gar nicht gefragt, ob Du Deine Prüfungen überlebt hast! Weißt Du schon, ob Du sie bestanden hast? Und was machst Du jetzt, wo Du mit der Schule fertig bist? Hast Du schon eine Lehrstelle? Du wolltest doch Verkäuferin werden, oder?!

Schluß für heute. Laß bald mal von Dir hören!

Dein Werner

# E. Where you live

| | | |
|---|---|---|
| **Mein Heimatort ist**<br>My home (town) is | **eine Großstadt**<br>**ein kleines Dorf**<br>**(auf dem Lande)**<br>**eine Millionenstadt**<br>**eine Industriestadt** | a city<br>a small village<br>(in the country)<br>a major city<br>an industrial town |

| | |
|---|---|
| **mit _____ Tausend Einwohnern,**<br>with _____ thousand inhabitants, | **_____ Kilometer von _____ entfernt.**<br>_____ kilometres from _____ |

| | | | |
|---|---|---|---|
| **Es gibt einige Fabriken, wo**<br>There are some factories where | **Wolle**<br>**Glas**<br>**Plastikwaren**<br>**Autos** | wool<br>glass<br>plastic products<br>cars | **hergestellt wird/werden**<br>is/are produced |

| | | |
|---|---|---|
| **Es gibt**<br>There is/are | **einen Fußballplatz**<br>**kleine Läden**<br>**riesige Kaufhäuser**<br>**einen großen Park**<br>**ein Theater**<br>**drei Kinos**<br>**eine Bibliothek** | a football ground<br>small shops<br>huge department stores<br>a large park<br>a theatre<br>three cinemas<br>a library |

| | | |
|---|---|---|
| **Man kann**<br>You can | **viel Sport treiben**<br>**viel kaufen**<br>**schöne Spaziergänge machen**<br>**ins Theater/Kino gehen**<br>**verschiedene Filme sehen** | play a lot of games<br>buy a lot of things<br>go for nice walks<br>go to the theatre/cinema<br>see various films |

# Some questions to ask:

| | | |
|---|---|---|
| **Wo liegt**<br>Where is | **Deine Stadt?**<br>**Deine Heimat?** | your town?<br>your home? |
| **Gibt es**<br>Is/are there | **Kinos?**<br>**ein Theater?**<br>**ein Freibad?**<br>**Sehenswürdigkeiten?** | cinemas?<br>a theatre?<br>an open-air pool?<br>sights? |

**Exercises**

1. Read the letter below and answer the questions that follow:

Plymouth,
den 6. April 1989

Hallo Robert!

Herzlichen Dank für Deinen Brief – ich habe mich sehr gefreut!

Du hast mich gefragt, wie die Stadt Plymouth aussieht. Also – Plymouth ist eine Großstadt mit vielen Vororten und einem modernen Stadtzentrum, wo man in den großen Kaufhäusern unheimlich viel kaufen kann. Die Stadt liegt am Meer; es gibt also einen (etwas felsigen) Strand. Im Hinterland liegt 'Dartmoor', wo man sehr lange Wanderungen in den Bergen machen kann.

Es gibt auch drei Theater und drei Kinos. Es ist hier immer viel los. Man kann auch Tennis spielen und andere Sportarten treiben, da Plymouth eine große Parkanlage besitzt.

Also gut! Schreib mal wieder!

Mit herzlichen Grüßen,

Anthony.

(a) Summarise what Plymouth can offer the tourist.
(b) What is produced in the factories?
(c) Describe the town centre.

2. Describe your own home town to a German penfriend (in German), telling him or her about the sights and the facilities.

# F. School

| | | | |
|---|---|---|---|
| **Ich besuche**<br>I go to | **ein Gymnasium**<br>**eine Realschule**<br><br><br>**eine Hauptschule**<br>**eine Gesamtschule**<br>**eine Berufsschule** | a grammar school<br>a modern secondary school<br>(with emphasis on science and modern languages)<br>a general secondary school<br>a comprehensive school<br>a vocational training school | **in** ______ |

| | | | | |
|---|---|---|---|---|
| **Ich bin in der**<br>I am in the | **sechsten**<br>**siebten**<br>**achten**<br>**neunten**<br>**zehnten**<br>**elften**<br>**zwölften** | sixth<br>seventh<br>eighth<br>ninth<br>tenth<br>eleventh<br>twelfth | (= 1st year)<br>(= 2nd year)<br>(= 3rd year)<br>(= 4th year)<br>(= 5th year)<br>(= L6th)<br>(= U6th) | **Klasse**<br>form |

| | | | | |
|---|---|---|---|---|
| **Ich nehme folgende Fächer:**<br>I am studying the following subjects<br>**Meine Lieblingsfächer sind**<br>My favourite subjects are<br>**Mein Lieblingsfach ist**<br>My favourite subject is<br>**Ich mache gern**<br>I like (doing) | **Mathematik**<br>**Chemie**<br>**Physik**<br>**Biologie**<br>**Geschichte**<br>**Erdkunde**<br>**Latein**<br>**Deutsch** | maths<br>chemistry<br>physics<br>biology<br>history<br>geography<br>Latin<br>German | **Griechisch**<br>**Englisch**<br>**Französisch**<br>**Musik**<br>**Religion**<br>**Zeichnen**<br>**Sport**<br>**Werken** | Greek<br>English<br>French<br>music<br>R.E.<br>art<br>games<br>craft |

| | | | | |
|---|---|---|---|---|
| **Ich habe**<br>I have | **pro Tag**<br>**pro Woche** | each day<br>each week | ______<br>______ | **Stunden Hausaufgaben**<br>hours homework |

| | | |
|---|---|---|
| **Ich mache meine Hausaufgaben**<br>I do my homework | **bei mir zu Hause**<br>**in der Schule**<br>**in der Bibliothek** | at home<br>at school<br>in the library |

| | | | | |
|---|---|---|---|---|
| **Ich mache sie**<br>I do it | **abends**<br>**nachmittags**<br>**vor 7 Uhr** | in the evening<br>in the afternoon<br>before 7 o'clock | **nach 7 Uhr**<br>**in der Mittagspause**<br>**, bevor ich fernsehe** | after 7 o'clock<br>in the lunch hour<br>before I watch television |

# Some questions to ask:

| | |
|---|---|
| **In welcher Klasse bist Du?** | What form are you in? |
| **Wieviele Fächer nimmst Du?** | How many subjects do you do? |
| **Welche Fächer nimmst Du?** | Which subjects do you do? |
| **Wieviele Hausaufgaben hast Du?** | How much homework do you have? |
| **Was hast Du für Schulaufgaben?** | What kind of exercises/tests do you have to do? |
| **Wann machst Du Deine Hausaufgaben?** | When do you do your homework? |
| **Welche Fächer machst Du nicht gern?** | Which subjects don't you like? |
| **Was sind Deine Lieblingsfächer?** | What are your favourite subjects? |
| **Was für eine Schule besuchst Du?** | What sort of school do you go to? |
| **Gefällt sie Dir?** | Do you like it? |

## Exercises

1. Below is Helmut Merkl's timetable. Write a letter in German imagining that you are Helmut answering the following questions about the timetable:

**Stundenplan** — Helmut Merkl — 1988-9 Schuljahr — Klasse 10 b

| Uhr | Montag | Dienstag | Mittwoch | Donnerstag | Freitag | Sonnabend |
|---|---|---|---|---|---|---|
| 1 | Deutsch | Physik | Geschichte | Englisch | Religion | Deutsch |
| 2 | Geschichte | Mathematik | Erdkunde | Geschichte | Deutsch | Englisch |
| 3 | Biologie | Deutsch | Englisch | Biologie | Mathematik | Physik |
| 4 | Englisch | Zeichnen | Chemie | Turnen | Mathematik | — |
| 5 | Erdkunde | Zeichnen | Mathematik | Turnen | — | — |
| 6 | | | | | | |

1. What form are you in?
2. How many subjects do you take?
3. Do you study a foreign language apart from English?
4. How many lessons do you have on Saturdays?
5. Which science subjects are you taking?
6. Which is your favourite subject?
7. Which subjects don't you like?
8. On which days do you have (i) games, (ii) R.E., (iii) geography

2. Read the following letter and answer in English and German the questions below:

Hannover, d. 8. Februar 1989

Lieber Keith,

Du hast mich gefragt, was ich für Fächer in der Schule nehme. Ich besuche, wie Du wohl weißt, das Erhard-Gymnasium in Hannover-Oberricklingen. Da ich im neusprachlichen Zweig bin, sind Englisch und Französisch meine wichtigsten Fächer. Latein nehme ich aber auch, und würde gerne andere Sprachen nehmen. (Italienisch nehme ich nachmittags in der Arbeitsgemeinschaft: der Lehrer ist ein echter Italiener, und es macht viel Spaß, denn er ist ein ganz lustiger Kerl!) Mathematik mache ich immer noch, sowie Physik, Chemie und Biologie. Wir nehmen alle Deutsch, Religion und Sport. Wir müssen samstags in die Schule gehen, nur sind einige Samstage jetzt schulfrei. Nachmittags gehen wir nach Hause und machen dann unsere Hausaufgaben.

Wie ist es bei Dir? Du hast es gut, denn samstags gehst Du nie zur Schule, oder? Aber dafür mußt Du's jeden Tag bis vier Uhr in der Schule aushalten - das muß furchtbar sein!

Falls es Dich interessiert, lege ich diesem Brief eine Kopie vom Stundenplan meines Vaters bei. Er ist Lehrer an meiner Schule (was manchmal Schwierigkeiten macht). Wie Du aus dem Stundenplan ersehen kannst, gibt er Englisch und Erdkunde. Gott sei Dank bin ich nicht in seinen Klassen!

Schreib mir bald und erzähl mal was von Deiner Schule und den Lehrern!

Herzlichst, Deine Irmgard

(i)
(a) Which subjects does Irmgard like best?
(b) What is special about her tuition in Italian?
(c) Does Irmgard go to school every Saturday?
(d) What does she think of afternoon school?
(e) What does Irmgard's father do?

(ii) Write an answer to Irmgard's letter, describing your own timetable and telling her something of life in your school.

(iii) This is the timetable Irmgard enclosed with her letter:

## Stundenplan — Kaiser

________ Klasse      ________ Schuljahr

| Uhr | Montag | Dienstag | Mittwoch | Donnerstag | Freitag | Sonnabend |
|---|---|---|---|---|---|---|
| 1 | E 8c | E 8c | | E 11a | E 8c | |
| 2 | EK 8b | E 7b | | E 7b | EK 9a | |
| 3 | E 11a | E 11a | | | EK 7a | |
| 4 | E 7b | EK 7b | EK 8a | E 11b | | |
| 5 | E 11b | EK 8c | E 11b | E 8c | | |
| 6 | | | E 7b | | | |
| | | | | | | |
| | | | | | | |
| | | 14.30 – 18.00 | | | | |
| | | AG Englisch | | | | |
| | | | | | | |
| | | | | | | |

1. How many subjects does Herr Kaiser teach?
2. How many different classes does he have?
3. Was gibt Herr Kaiser für Unterricht?
4. Wie oft gibt er Erdkunde?
5. Wie oft hat Klasse 7b Englisch?
6. An welchem Tag muß er nachmittags arbeiten?
7. An welchem Tag ist nicht viel los?

**E = Englisch**
**EK = Erdkunde**

3. Write a letter to your German penfriend in German describing something amusing that has happened at your school.

How you spend the day:

| | | |
|---|---|---|
| **Ich stehe** I get up | **um 7 Uhr** at 7 o'clock | **auf** |
| **Ich gehe** I go to school | **um 8 Uhr** at 8 o'clock | **in die Schule** |

| | | | |
|---|---|---|---|
| **Ich fahre** I go there | **mit dem Bus**<br>**mit dem Zug**<br>**mit dem Fahrrad**<br>**mit dem Auto** | by bus<br>by train<br>by bicycle<br>by car | **dorthin** |
| **Ich gehe** I go there | **zu Fuß** | on foot | |

| | | |
|---|---|---|
| **Ich komme**<br>I arrive at school | **um 8.30 Uhr**<br>at half past eight | **in der Schule an** |

| | | |
|---|---|---|
| **Ich gehe dann**<br>Then I go | **ins Klassenzimmer**<br>**in die Aula**<br>**in den Schulhof** | to the classroom<br>to the hall<br>to the playground |

| | | |
|---|---|---|
| **Die Pause findet**<br>Break is at | **um 10.30 Uhr**<br>half past ten | **statt** |

| | | |
|---|---|---|
| **In der Pause**<br>During break | **spreche ich mit Freunden**<br>**esse ich eine Kleinigkeit**<br>**gehe ich in den Schulhof**<br>**trinke ich Coca Cola/Kaffee/Milch usw.**<br>**mache ich meine Hausaufgaben** | I talk to my friends<br>I have something to eat<br>I go to the playground<br>I drink Coke/coffee/milk etc.<br>I do my homework |

| | |
|---|---|
| **Vormittags**<br>In the morning<br>**Nachmittags**<br>In the afternoon | **habe ich _____ Stunden**<br>I have _____ lessons |

| | |
|---|---|
| **Ich esse zu Mittag**<br>I have lunch | **um halb eins**<br>at half past twelve |

| | | |
|---|---|---|
| **Die Schule ist**<br>School finishes | **um 15.30 Uhr**<br>at half past three | **aus** |

| | |
|---|---|
| **Bei uns trägt man**<br>We wear | **eine/keine Uniform**<br>a uniform/no uniform |

| | | | |
|---|---|---|---|
| **Im Winter**<br>In the winter<br><br>**Im Sommer**<br>In the summer | **trägt man**<br>we wear | **eine Jacke**<br>**eine dunkle Hose**<br>**eine Krawatte**<br>**eine weiße Bluse**<br>**ein weißes Hemd**<br>**einen Pullover**<br>**ein Kleid**<br>**einen Rock**<br>**einen Schal**<br>**eine Mütze**<br>**einen dunklen Mantel** | a jacket<br>dark trousers<br>a tie<br>a white blouse<br>a white shirt<br>a pullover<br>a dress<br>a skirt<br>a scarf<br>a cap<br>a dark coat |

# Some questions to ask:

| | |
|---|---|
| **Um wieviel Uhr stehst Du auf?** | When do you get up? |
| **Um wieviel Uhr beginnt die Schule?** | When does school begin? |
| **Um wieviel Uhr ist der Unterricht zu Ende?** | When do lessons finish? |
| **Was machst Du in der Pause?** | What do you do at break? |
| **Mußt Du eine Uniform tragen?** | Do you have to wear a uniform? |
| **Was für Kleider trägst Du gewöhnlich?** | What sort of clothes do you normally wear? |

4. Read the following letter and answer the questions below:

Passau, 2.6.89

Hallo Jane!

Ich wollte Dir sofort schreiben, da ich weiß, daß Du gerade Prüfungen machst. Diese 'GCSEs' finde ich ganz seltsam: wie viele Fächer machst Du eigentlich? Mußt Du die Prüfung in jedem Fach bestehen? Und wie ist es mit den 'A-levels'? Machst Du genauso viele Fächer, oder kannst Du wählen? Diese Sache interessiert mich sehr, und ich würde gerne wissen, wie das alles bei Dir aussieht.

Wie Du weißt, habe ich die sogenannte 'Mittlere Reife' hinter mir und bin jetzt in der elften Klasse. In der Oberstufe dürfen wir Leistungs- und Grundkurse wählen, d.h. praktisch, daß man nur die Fächer nimmt, die einen interessieren. Mein Lieblingsfach bleibt noch Biologie. Ich habe vor, Arzt zu werden, wenn ich mal einen Studienplatz kriegen kann. Bei uns verdienen Ärzte nicht schlecht!

Was willst Du werden? Du wirst sicher auf die Uni gehen, oder? Ich habe gehört, daß man sich bei Dir um einen Studienplatz bewerben muß - kannst Du mir mal das System beschreiben?

Einige meiner Freunde und ich planen, im Sommer nach England zu reisen, vielleicht im August. Bist Du dann zu Hause? Wenn ja, dann wäre es sehr schön, wenn wir uns wo treffen könnten. Was meinst Du dazu?

Schreib bald! Tschüß

Dein Klaus

(a) 1. What encouraged Klaus to write to Jane?
2. What does he ask about A-levels?
3. Which class is he in now?
4. Does he have to do the full range of subjects?
5. What do you think he likes about the subjects he can do?
6. What is his favourite subject?
7. What does he want to do in the summer and what does he suggest to Jane?

(b) Imagine you are Jane and write a reply to Klaus's letter in German.

# Section 3:

# Writing notes and descriptions

## A. Greetings

| | |
|---|---|
| **Herzlichen Glückwünsch zum Geburtstag!**<br>**Alles Gute zum Geburtstag!** | Happy Birthday! |
| **Fröhliche Weihnachten!**<br>**Ein frohes Weihnachtsfest!**<br>**. . . . und ein glückliches Neues Jahr**<br>**(einen) guten Rutsch ins Neue Jahr!**<br>**Frohe Ostern!** | Happy Christmas!<br>. . . . and a happy New Year<br>Happy New Year!<br>Happy Easter! |
| **Viel Freude fürs glückliche Paar am Hochzeitstag!**<br>**Viel Glück im gemeinsamen Leben wünsche ich / wünschen wir Euch!**<br>**Ein neues Baby! Beste Glückwünsche! / Gratuliere!** | Wishing the happy couple much joy on their wedding day<br>I/we wish you a happy life together<br>A new baby! Congratulations! |
| **Ich wünsche Dir / Euch . . . / Ihnen** | I wish you . . . |

**Christmas messages**

A

Meine Lieben!
Entschuldigt bitte, daß meine Wünsche zum Weihnachtsfest und zum Neuen Jahr verspätet eintreffen. Sie sind dafür um so herzlicher gemeint. Ich hoffe sehr, Euch später im Jahr wiedersehen zu können.
Nochmals herzlichste Grüße Euch allen,

Euer Christoph

B

Mit dem Dank

für gute Zusammenarbeit

verbinden wir die besten Wünsche

für ein

frohes Weihnachtsfest

und ein

glückliches Neues Jahr

**HEINRICH BRAUN**

Braun

Bauunternehmen Passau

C

Dorfmerkingen
19.12.89

Liebe Christl,
Fröhliche Weihnachten wünschen Dir alle hier in Dorfmerkingen! Alles Gute auch fürs Neue Jahr!

Herzlichst,

Marie-Luise und Familie

A
1. Why does Christoph apologise?
2. What shows that Christoph is writing to more than one person?
3. What does Christoph hope for the New Year?

B This is a formal Christmas and New Year greeting from a businessman to his clients. Write a similar Christmas greeting from the Firma (Fa.) Albert Scheidemann in Freiburg im Breisgau (Freiburg i.B.).
Herr Scheidemann owns a stationery business (**Bürobedarf**).

C A short Christmas message. Write a similar note from your own address to a friend in Germany.

Read the following greetings, notes and announcements and say what each is about.

A

Herzliche Glückwünsche
zum Geburtstag!
Alles Gute wünscht Dir
Familie Hofmann

B

Frohe Ostern
liebe Grüße,
Dein Franzl

C

Liebe Klara,
für Deine Karte zu Weihnachten danke ich Dir sehr. Auch ich wünsche Dir natürlich ein gutes Neues Jahr und viel Freude und Erfolg bei neuen Unternehmungen.

herzlichst,

Hertha

D

Lieber Johannes
zu Deinem Namenstag wünscht Dir alles Gute
Dein Opa

Linz, im April 1982

E

Aachen, 7. März

Liebe Maria, lieber Manfred,
die Nachricht von Eurer Verlobung hat uns um so mehr erfreut, da wir gar nicht wußten, daß Ihr so etwas vorhattet! Seid bitte von uns allen herzlichst gegrüßt,

Eure

Gisela, Friedrich
und Kinder

F

**Wir heiraten**

| | |
|---|---|
| Klaus Seefeld | Monika Kellermann |
| Franziskanerweg 6 | Hamburger Str. 234 |
| 7500 Karlsruhe 41 | 7100 Heilbronn |

Kirchliche Trauung Ostermontag 11.30 Uhr in der Pfarrkirche Heilbronn

# B. Writing postcards and descriptions

Stirling 6.7.89

Liebe Mutti,

eine bessere Karte als diese gab es hier leider nicht. Aber es gibt noch viel schönere Sachen hier in Schottland. Wir sind trotz des strömenden Regens schon recht begeistert von diesem herrlichen Land. Meine Freundin Heike spricht ständig von einem kleinen (sehr kleinen!) Autounfall, den wir eben hatten, und berichtet ihrer ganzen Verwandtschaft davon. Später mehr darüber!

Grüße und Küsse,
Deine Ute

Frau
Gerda Meyer
Am Bienkamp 15
D5768 Sundern
Germany

1. What was the weather like during Ute's stay in Scotland?
2. What does she think of the country?
3. Who is her travelling companion?
4. What has happened during the trip?
5. What does Ute say about her friend?
6. Write a brief reply from Ute's mother.

Alicante, 15. Juli

Liebe Paula,

viele Grüße aus Spanien, wo ich zwei Wochen in einem Ferienhaus nicht weit von der Küste verbringe. Das Wetter war bis jetzt furchtbar: es regnet in Strömen und ist auch unheimlich kalt für Juli. Außerdem ist das Ferienhaus nicht allzu bequem – die Betten sind hart, die Möbel sind alt und häßlich, und das Ganze ist schmutzig und unschön. Wir hätten eigentlich nach Griechenland fahren sollen, wo man sich auf das Wetter verlassen kann und wo es wenigstens viele Sehenswürdigkeiten gibt. Hier sieht man nur moderne Hotels und Villen.

Nochmals herzliche Grüße Dein Franz

Fräulein
Paula Lunberg
Kirchenstr. 60
D 6802 Ladenburg
Alemania

1. How long is Franz staying in Spain?
2. What has the weather been like?
3. Describe the house he has rented.
4. Where does he think he ought to have spent his holiday, and why?

Herrn
Rainer Sch
Ohmstr. 2
D 8300 L
German

Edinburgh,
12. August

Lieber Rainer,

Die letzten 3 Tage waren wir im Lake District. Heute sind wir in Schottland eingereist. Unsere erste Station ist Edinburgh. Anschließend geht es weiter in die Highlands und dann zurück über die Westküste und Glasgow. Bisher ist alles gut und angenehm verlaufen. Die Unterkunft ist bequem und billig, das Essen auch nicht schlecht. Ich hoffe, daß auch Du angenehme Ferien hast und grüße Dich bis zum Wiedersehen am 2. September.

Dein Erich

1. Where has Erich been and where is he writing from?
2. Where is he going before he reaches Glasgow?
3. What does he say about the accommodation and food?
4. What will happen on 2 September?
5. Write a card from Rainer to Erich.

Lieber Herr Schneider,
Ihnen, Frau Schneider
und den Kindern herzlichen
Urlaubsgruß aus Bad Wörishofen,
wo ich eben, wie jedes Jahr,
eine Kur mache. Vielen
Dank für Ihre Grüße aus
Wien! Längst hätte ich mich
dafür bedanken sollen. Wann
sehen wir uns wieder in
München? Mit allen guten
Wünschen.
Ihr Georg Zimmermann

Herrn
Rolf Schneider
Purkering 10
D8223 Trostberg

1. What is Herr Zimmermann doing in Bäd Wörishofen?
2. Is he there for the first time?
3. What does he thank Herr Schneider for?
4. Where might they meet again?
5. Write a card from Herr Schneider to Herr Zimmermann.

(A) Here is a photograph of Schwäbisch Hall. Write a postcard to a friend describing some features of the town: 29 000 Einwohner, reizvoller Marktplatz, schönes Münster, berühmtes Rathaus (1728 gebaut), ausgezeichnetes Restaurant im Ratskeller, alte Fachwerkhäuser.

(B) Write a similar postcard from Burghausen: 18 000 Einwohner, liegt an der Salzach, an der österreichischen Grenze, größte Burganlage Deutschlands (über 1 km lang), alte Häuser, schöner Stadtplatz in der Altstadt, viel Sehenswertes.

Imagine you are Herr Rüdiger Weber. Write a short letter to your wife Helga describing your trip from Düsseldorf to Bielefeld and then to Hannover and back. Use the information contained in the material below.

20. Sep.1989
-tungstag
- Sonderrückfahrkarte
Bielefeld Hbf
Hannover
R 3230
und zurück
17,00 DM
siehe Rückseite
(13)
0103

8922 16.09.89
3062 Köl
Düsseldorf Hbf
Bielefeld Hbf
R 1974
34.--
34.-- 176
-ldorf Hbf 2
Bielefeld Hb
7 2 6

**HOTEL EUROPÄISCHER HOF**
Bondick + Engelmann
3000 Hannover 1 · Luisenstraße 4 · Fernsprecher: (0511) *17644

| -mmer, Frühstück -dieng. u. MWSt. DM | Pf | Enthaltener Frühstückspr. Tag u. Person | Fernsprechgebühren DM | Pf | Sonstiges DM | Pf | Tages-Betrag DM | Pf | Gesamt-Betrag DM | Pf |
|---|---|---|---|---|---|---|---|---|---|---|
| 97.- | | | | | | | | | 97.- | |

RECHNUNG
für Herrn/Frau/Firma Weber
P | Zimmer Nr. 1 13

QUITTUNG
DM 97.- dankend erhalten
Im Endbetrag enthalten:
13 % MWSt. = DM
3 Hannover, den 21.9.89
Rose

Erfüllungsort und Gerichtsstand Hannover

**Hauptbahnhofs - Gaststätten Bielefeld**

Montag, den 17.9.1979

Gedeck - Karte

| | |
|---|---|
| **Gedeck 1** | DM 9.40 |
| Fleischbrühe mit Einlage<br>Königsberger Klopse, Kapernsauce<br>Salzkartoffeln, rote Beete<br>Erdbeerquark | |
| **Gedeck 2** | DM 10.40 |
| Fleischbrühe mit Einlage<br>Gebratene Schweinerippchen<br>Frisches Wirsinggemüse<br>Salzkartoffeln<br>Erdbeerquark | |
| **Heute besonders zu empfehlen:** | |
| Rheinischer Sauerbraten<br>Kartoffelklöße, Apfelmus<br>Speck und Zwiebeln | DM 8.40 |
| **Zu den Mittagsgedecken bieten wir im Sonderangebot:** | |
| 1 Glas Moselwein 0.1 l | DM 1.10 |

Wir wünschen unseren Gästen recht guten Appetit!

Die hier angebotenen Speisen enthalten nur vereinzelt die auf Grund des neuen Lebensmittelrechts zugelassenen Fremdstoffe: Konservierungsstoffe Nr. 1–4 (siehe Aushang), Hexamethylentetramin (5), Farbstoffe (6), künstliche Aromastoffe (7)

In obigen Preisen sind Bedienungsgeld und Mehrwertsteuer enthalten!
Etwaige Beschwerden bitte an die Geschäftsführung richten. – Pfennigabrechnung ist vorgeschrieben.



8922 16.09.89
122
IC Zuschlag
☐ Platzreservierung
6.-- 2. Kl
6.--
-sseldorf Hbf 2
8922 8 7 2 7

**HOTEL KAISERHOF**

Bitburger

Rechnung für Herrn Weber

| | DM |
|---|---|
| Schnitzel | 13.50 |
| Reiterpfad 1 | 5.50 |
| Niersteiner 1 | 5.- |
| Zusammen | 24.- |

In diesem Betrag ist die gesetzliche Mehrwertsteuer enthalten.

| Datum | Betrag dankend erhalten |
|---|---|
| 16.9.89 | [illegible signature] |

(C) Write a longer letter describing a day's visit to Burghausen: mention your visit to the museum in the morning, your lunch at the Hotel Post, a walk round the town in the afternoon, and a visit to a concert in the evening. Use the information below:

**STADTMUSEUM**
Burghausen
Eintrittskarte
2,– DM 2.00
Nur gültig zum einmaligen Besuch am Tage der Lösung.
94195 Abriß 94195

HOTEL POST
Hans Mitterer — 8263 Burghausen
Stadtplatz 39 — Telefon 08677/2426

Rechnung den

Speisen und Getränke

| | |
|---|---|
| | 6,70 |
| | 30,– |
| | 3,– |
| | 1,80 |
| | 3,80 |
| | 45,30 |

(incl. % MWSt.)

**Stadtsaal Burghausen/Obb.**
EINTRITTSKARTE
**3.** Reihe
**Platz Nr. 53**
Datum ..........
Aufbewahren und auf Verlangen vorzeigen
Büro + Bücher Stein — Kontrolle

**BURGHAUSEN** 8263. Bayern 987 ㊳ – 18 500 Ew – Höhe 350 m – 08677.
**Sehenswert** : Lage** der Burg**.
Verkehrsamt, Rathaus, Stadtplatz 112, 24 35
•München 110 – Landshut 78 – Passau 81 – Salzburg 58.

- **Bayerische Alm**, Robert-Koch-Str. 211, 20 61, ≤, – wc wc P E
  Karte 12,50/41 *(Freitag geschl.)* – **22 Z : 40 B** 45/55 Fb.
- **Glöcklhofer**, Ludwigsberg 4, 70 24, Biergarten, (geheizt), – wc wc P Rest
  *27. Dez.-15. Jan. geschl.* – Karte 12/35,50 – **54 Z : 80 B** 30/48.
- **Post**, Stadtplatz 39, 24 26, Terrasse – TV wc wc P E
  *28. Dez.-10. Jan. geschl.* – Karte 12/33 *(Freitag geschl.)* – **23 Z : 42 B** 35/55.
- **Burghotel**, Marktler Str. 2, 56 78, « Terrasse » – wc wc P AE E
  *Mitte - Ende Aug. geschl.* – Karte 14/41 – **37 Z : 52 B** 31/48 – P 50/64.
- Lindacher Hof, Mehringer Str. 47, 45 45 – wc wc P
  **47 Z : 60 B**.

(from Michelin Deutschland 1982)

# Section 4:

# Useful letters

## A. Accepting and refusing invitations

| | | | |
|---|---|---|---|
| **Vielen Dank**<br>**Herzlichen Dank**<br>Many thanks<br>**Ich bedanke mich sehr**<br>I should like to thank you very much | **für**<br>for | **Deinen / Ihren / Euren Brief, den** your letter which<br>**Deine / Ihre / Eur Einladung, die** your invitation which | **ich**<br>I received |

| | | |
|---|---|---|
| **vor ein paar Tagen** | a few days ago | **erhalten habe** |
| **heute vormittag** | this morning | |
| **am 15. Januar** | on 15th January | |
| **vor kurzem** | a short while ago | |
| **erst gestern** | only yesterday | |

| | | | |
|---|---|---|---|
| **Ich nehme Deine / Ihre / Eure Einladung**<br>I accept your invitation | **gern**<br>**sehr gern**<br>**mit großer Freude** | gladly<br>very gladly<br>with great pleasure | **an** |

| | | |
|---|---|---|
| **Es wäre**<br>It would be | **toll/klasse/prima,**<br>great/fantastic<br>**eine schöne Idee,**<br>a nice idea | **Dich zu besuchen**<br>to visit you<br>**mit Dir etwas zu unternehmen**<br>to do something with you<br>**Dich wiederzusehen**<br>to see you again<br>**mit Deiner Familie in Urlaub zu fahren**<br>to go on holiday with your family<br>**eine Woche bei Dir zu verbringen**<br>to spend a week with you |
| **Es würde mich sehr freuen,**<br>I should be delighted<br>**Es würde mir Spaß machen,**<br>It would be fun | | |

| | | |
|---|---|---|
| **Ich habe** | **vom 18. Juli bis zum 5. September**<br>From 18 July until 5 September<br>**den ganzen Sommer**<br>The whole summer | **Schulferien**<br>I am on holiday from school<br>**frei**<br>I am free<br>**Urlaub**<br>I am on holiday |

| | | |
|---|---|---|
| **Ich fahre** | **vom 7. bis zum 21. Juli**<br>From the 7th to the 21st July<br>**auf drei Wochen**<br>For three weeks | **in Urlaub**<br>I am going on holiday<br>**weg**<br>I am going away<br>**nach Spanien**<br>I am going to Spain |

| | | | |
|---|---|---|---|
| **Ich**<br>I | **kann**<br>can come<br>**könnte**<br>could come | **mit dem Bus** by bus<br>**mit der Bahn** by train<br>**zu Fuß** on foot<br>**am Samstag** on Saturday<br>**nächste Woche** next week | **kommen** |

| | | | |
|---|---|---|---|
| **Wir können**<br>We can meet<br>**Wir könnten**<br>We could meet | **uns** | **am Bahnhof** at the station<br>**an der Haltestelle** at the stop<br>**bei Dir/mir** at your/my place<br>**um halb sechs** at half past five<br>**zu jeder Zeit** at any time | **treffen** |

| | | |
|---|---|---|
| **Leider**<br>Unfortunately | **kann ich**<br>I can't | **die Einladung nicht annehmen**<br>accept the invitation<br>**am Samstag nicht kommen**<br>come on Saturday |
| | **muß ich**<br>I have to | **die Einladung ablehnen**<br>refuse the invitation |

| | | |
|---|---|---|
| **Es tut mir leid,**<br>I'm sorry<br>**Ich bedauere es sehr,**<br>I regret very much<br>**Nimm es mir nicht übel,**<br>Don't take offence | **aber**<br>but | **ich bin anderswo verabredet**<br>I have another engagement<br>**ich habe keine Zeit**<br>I don't have any time<br>**ich bin pleite**<br>I'm broke<br>**Ich habe nicht genügend Geld**<br>I haven't enough money<br>**meine Mutter ist krank**<br>my mother is ill<br>**ich fahre weg**<br>I'm going away<br>**ich kann nicht schwimmen usw.**<br>I can't swim etc. |

| | |
|---|---|
| **Wäre es möglich,**<br>Would it be possible | **den Besuch zu verschieben?**<br>to postpone the visit?<br>**am Samstag zu kommen?**<br>to come on Saturday?<br>**es am Telefon / telefonisch weiter zu besprechen?**<br>to discuss it further on the telephone?<br>**sonst was zu unternehmen?**<br>to do something else? |

| | | |
|---|---|---|
| **Wie wär's**<br>How about | **zu Ostern?**<br>**am Samstag?**<br>**an einem anderen Abend?**<br>**am nächsten Montag?**<br>**um acht Uhr statt um sechs?** | (at) Easter?<br>(on) Saturday?<br>(on) another evening?<br>next Monday ?<br>(at) eight o'clock instead of six? |

**Exercises**

1. Write a reply to the following letter:

Stuttgart, den 11. Dezember

Liebe Alison!

Heute habe ich leider nichts Gutes zu berichten. Ich kann Dich zu Weihnachten unmöglich besuchen. Ich weiß, daß alles schon organisiert und geplant ist – ich habe selbst schon Fahrkarten bestellt – aber ich muß Deine Einladung ablehnen.

Letzte Woche hat mein Vater einen Herzinfarkt gehabt. Es ist auf seinem Heimweg passiert, und wir wußten es erst, als ein Polizist bei uns auf der Schwelle stand. Gott sei Dank war es nicht zu schlimm, und er hat es überlebt. Er muß sich einen Monat ausruhen – das heißt, im Bett bleiben.

Du kannst Dir wahrscheinlich vorstellen, daß sich infolge seiner Krankheit ziemlich viel geändert hat. Wie du weißt, arbeitet meine Mutter tagsüber als Stenotypistin und kann eigentlich schlecht ihre Stelle aufgeben. Ohne meine Hilfe kommen wir also nicht aus. Während des Tages muß nämlich jemand zu Hause sein, falls mein Vater was braucht. Jemand, der kochen kann. Und das bin ich! Es ist eine ganz schöne Arbeit, Du! Und das noch dazu zur Weihnachtszeit, wo es sowieso so viel zu tun gibt.

Könnte ich vielleicht zu einer anderen Zeit nach England kommen? Ich habe zu Ostern 10 Tage Schulferien. Ich würde Dich dann sehr gern sehen.

Kannst Du mich bitte auch bei Deinen Eltern entschuldigen und ihnen erklären, wie es bei mir aussieht? Hoffentlich klappt es noch zu Ostern!

So, ich wünsche Dir und Deiner Familie ein frohes Weihnachtsfest und einen guten Rutsch ins Neue Jahr!

Tschüß,

Deine Gudrun

2. Read the following letter and answer the questions in German below:

Stroud, den 26. Mai 1989

Lieber Rainer!

Herzlichen Dank für Deinen Brief, den ich heute
morgen erhalten habe. Ich habe mich darüber sehr
gefreut! Deine Einladung, ein paar Wochen in den
Sommerferien bei Dir und Deiner Familie in Wien zu
verbringen, nehme ich sehr gern an. Es wäre toll, Dich
endlich mal zu sehen! Wie lange haben wir uns
geschrieben, ohne einander zu sehen? - bestimmt
drei oder vier Jahre! Es würde mir auch viel Spaß
machen ein anderes Land kennenzulernen. Wie Du
weißt, wohne ich ziemlich isoliert auf dem Lande
und kenne nicht einmal die Großstädte Englands
sehr gut. Ich freue mich schon wahnsinnig darauf,
die Sehenswürdigkeiten der österreichischen
Hauptstadt kennenzulernen! Hoffentlich werde
ich auch meine deutschen Sprachkenntnisse bei
Euch erweitern können - Ihr sprecht aber mit
österreichischem Akzent, oder?
Ich habe vom 17. Juli bis zum 9. September
Schulferien und kann also zu jeder Zeit hinüber-
kommen. Was wäre für Dich am günstigsten? -
und soll ich mit dem Flugzeug oder mit dem
Zug kommen? Was meinst Du?
Und jetzt bin ich dran. Wie wär's, wenn Du mit mir
nach England zurückfahren würdest. Hast Du Lust,
ein paar Wochen bei uns zu verbringen? Es wäre
klasse, Dir meine Heimatstadt zu zeigen!
Schreib mir bald, damit ich schnellstens Fahrkarten
besorgen kann!

Herzlichst Paul

(a) Wann ist der Brief von Rainer angekommen?
(b) Wo wohnt Rainer?
(c) Was für eine Stadt ist es?
(d) Wohnt Paul in einer großen Stadt?
(e) Wann hat Paul Schulferien?
(f) Wann kann er nach Österreich fahren?
(g) Wozu lädt Paul Rainer ein?

3. You are Rainer. Write a reply to Paul's letter, telling him when it is best for him to come to Vienna and accepting his invitation to return with him to England.
4. A German person you don't like invites you to spend Christmas with him/her. Write a letter refusing the invitation but making a tentative suggestion that you might visit him/her another time.

# B. Inviting a friend

| | | | | | |
|---|---|---|---|---|---|
| **Ich schreibe Dir, um zu fragen,** I am writing to ask | **ob Du** if you would like to to spend | **eine Woche** a week<br>**vierzehn Tage** a fortnight<br>**einen Monat** a month<br>**die Sommerferien** the summer holidays<br>**Ostern** Easter | **bei uns** with us (at our house) | **verbringen** | **möchtest** |
| | **ob Du** if you would like to go | **mit uns** with us<br>**mit mir** with me<br>**mit meiner Familie** with my family | **ans Meer** to the seaside<br>**in Urlaub** on holiday<br>**in die Schweiz** to Switzerland | **fahren** | |

| | | | | |
|---|---|---|---|---|
| **Wir können** We can go<br>**Wir könnten** We could go<br>**Wir werden** We shall go | **zusammen** together<br>**mit meiner Familie** with my family<br>**mit Bekannten** with friends<br>**alleine** alone<br>**zu zweit** just the two of us | **einkaufen** shopping<br>**spazieren** for walks<br>**schwimmen** swimming<br>**ins Kino** to the cinema | **ins Theater** to the theatre<br>**auf eine Party** to a party<br>**in die Disco** to the disco | **gehen** |
| | | **ans Meer** to the seaside<br>**aufs Land** to the country<br>**nach London** to London | | **fahren** |

| | | |
|---|---|---|
| **Wir können** We can<br>**Wir könnten** We could<br>**Wir werden** We shall | **Tennis spielen**<br>**Fußball spielen**<br>**Platten spielen** | play tennis<br>play football<br>play records |
| | **zu Hause bleiben**<br>**fernsehen**<br>**die Sehenswürdigkeiten besichtigen**<br>**etwas unternehmen** | stay at home<br>watch television<br>go sightseeing<br>do something |

| | | |
|---|---|---|
| **Es wäre** It would be | **toll,** great<br>**schön,** nice<br>**prima,** fantastic | **Dich kennenzulernen** meeting you<br>**Dich wiederzusehen** seeing you again |
| **Ich freue mich schon darauf,** I am already looking forward to | | |

| | | |
|---|---|---|
| **Wenn es geht,**<br>If it's possible<br>**Vielleicht**<br>Perhaps | **könntest Du länger bleiben**<br>**könnte ich mit Dir wieder nach Deutschland fahren**<br>**könnte Deine ganze Familie uns besuchen** | you could stay longer<br>I could go back to Germany with you<br>your whole family could visit us |

| | | |
|---|---|---|
| **Sag mir (Bescheid),**<br>**Laß mich (Bescheid) wissen,**<br>Let me know | **ob es geht**<br>**was Du meinst**<br>**ob es möglich wäre**<br>**wann Du Zeit hast** | whether it's possible<br>what you think<br>if it would be possible<br>when you have time |

Liebe Ursula, Woodbridge, den 18. Januar

Vielen Dank für Deinen Brief. Ich schreibe Dir jetzt gleich, um zu fragen, ob Du zu Ostern mit uns nach Frankreich fahren möchtest. Ich habe alles mit meiner Familie besprochen, und sie würden sich alle sehr freuen, Dich wiederzusehen. Wie Du weißt, besitzen wir in Südfrankreich ein Häuschen, wo wir jeden Sommer ein paar Wochen verbringen. Dieses Jahr haben wir uns entschlossen, auch in den Osterferien dorthin zu fahren. Meine Schwester fährt nämlich im Sommer nach Australien, und es wird das letzte Mal sein, daß wir als Familie zusammen Urlaub machen. Das Wetter wird etwas kühler sein als im Sommer, aber immer noch warm genug, um schwimmen zu gehen. Das Haus steht auf einem Felsen und hat eine wunderbare Aussicht auf das Mittelmeer. Rings umher sind Wälder, wo wir schön spazieren gehen können.

Wenn Du mitkommst, können wir über Köln fahren, um Dich abzuholen, und, wenn es Dir paßt, könnte ich nach dem Urlaub mit Dir wieder nach Deutschland fahren.

So, das wär's. Schreib mir bald Bescheid, was Du von meinem Plan hältst!

Viele Grüße, Deine Angela

1. Read Angela's letter and answer these questions:
   1. Why does Angela write immediately?
   2. Where is her family's holiday home?
   3. Why have they decided to spend Easter there?
   4. Describe the position of the house.
   5. How does Angela suggest Ursula should get there?
   6. What does she hope they can do after the holiday?
2. Write Ursula's reply to Angela's letter.
3. Invite your German penfriend to stay in the summer holidays and describe what you could do together in your home town.
4. Invite your German penfriend over for your birthday and describe the party you are going to have, whom you are going to invite etc.

# C. Planning a visit to friends

Read the three notes that follow and answer the questions:

Marburg, 3.4.89

Lieber Peter,

Vielen Dank für Deine Karte, die ich heute erhalten habe. Ich fahre am Montag sehr früh in Marburg weg und wollte im Verlaufe des Dienstages in Canterbury eintreffen. Gott sei Dank hast Du mir zuvor noch geschrieben, daß es Dir am Dienstag nicht paßt. Ich werde dann erst einen Tag später, also am Mittwoch, in Canterbury ankommen.

Wie ist es eigentlich mit dem Übernachten? Kann ich bei Dir zu Hause schlafen, oder soll ich mir noch etwas suchen? Na ja, das werde ich ja dann bei Dir sehen.

Ich freue mich sehr darauf, Dich und Deine Familie bald wiederzusehen und hoffe auch, daß es Deinem Vater inzwischen wieder besser geht.

Bis zum Wiedersehen nächsten Mittwoch in alter Freundschaft,

Dein Heinz

A
1. When is Heinz leaving Marburg?
2. When will he arrive in Canterbury?
3. When had he originally planned to go there?
4. Which important question does he ask?
5. What news does he apparently know of Peter's family?

Liebe Inge, Bromsgrove d. 8. August

Dank für Deine Karte. Wir werden unsere Fahrt so einrichten, daß wir am 28. August in Donaueschingen bei Dir vorbeikommen werden (wohl im Laufe des Nachmittags). Wir werden dann bis zum nächsten Tag (29. August) bleiben. Wir werden uns um ein Zimmer kümmern müssen (vom 28. auf den 29. August). Das ist doch möglich bei Dir in der Nähe, oder nicht? Könnten wir dann am 28. zusammen zu Abend essen? Wir möchten Dich gerne einladen!

Wir freuen uns riesig auf ein Wiedersehen.

Viele liebe Grüße,

Alan und Katie

B
1. When will Alan and Katie arrive at Inge's?
2. At what time of day?
3. How long will they stay?
4. Where will they stay?
5. What do they plan for the evening of 28th August?

Hamburg, 30. Juli

Liebe Familie Thompson,

Herzlichen Dank für die schöne Karte! Wir sind voraussichtlich Samstag und Sonntag in London und kommen also am Montag 6. August nachmittags oder abends zu Ihnen. Sollte sich etwas ändern, rufen wir noch von London aus bei Ihnen an. Wir freuen uns sehr und hoffen, daß alles klappt!

Herzliche Grüße,

Ihre Familie Untermeyer

C
1. How long will the Untermeyers spend in London?
2. When will they visit the Thompsons?
3. What will they do if their plans change?

# D. Thank you letters

Read the following notes and answer the questions:

Graz, den 8. August

Servus Joachim!

Entschuldige bitte, daß ich erst jetzt „Danke schön" sage! Wir hatten hier zu Hause so viele Vorbereitungen und nachher so viel Aufräumen – ich habe wirklich bis jetzt gar keine Zeit gehabt zu schreiben. Die Party war super, wenn ich's selber sagen darf. Meine Freunde und ich haben uns sehr, sehr gut amüsiert, zu viel gegessen und getrunken, usw.!

Also – herzlichen Dank fürs Geburtstagsgeschenk: es war nett von Dir, an meinen Geburtstag zu denken und die Cassette zu schicken. Ich mag „Bap" wahnsinnig gern, und es ist ziemlich schwierig, ihre Songs in Österreich zu bekommen. Warst Du je in einem „Bap" Konzert? Ja sicher, nicht?

So, jetzt an die Hausaufgaben – Französisch und Erdkunde!

Viele Grüße und schreib bald,

Dein Hans

Berlin, den 19. Mai

Lieber Philip, liebe Margaret,

Ich fasse mich ganz kurz: vielen vielen Dank fürs Hochzeitsgeschenk. Ich finde es wirklich toll, daß Ihr euch erinnert habt, wann wir heiraten – und wir brauchten genau solche Gläser! Wie habt Ihr das geahnt? Sie sehen sehr elegant aus, finden wir.

Also, ich lasse bald wieder was von mir hören. Bis dann, herzlichst – und in Eile!

Eure Uschi

A
1. Why hasn't Hans replied sooner?
2. What is he writing to thank Joachim for?
3. Why does he envy Joachim?
4. What does he have to do when he's finished the letter?

B
1. What is Uschi thanking for?
2. What does she think of what she has received?

Baden-Baden den 18.8.89

Hallo Tom!

Also - endlich bin ich imstande, Dir für die Karte zu danken! Ich habe mich sehr gefreut, besonders da ich im Krankenhaus lag! Ich habe wirklich eine „gute Besserung" erlebt, und mein Bein ist jetzt wieder ganz in Ordnung.

Ich habe noch viele andere Karten bekommen, auch ein paar Geschenke von meiner Familie. Ich bin für alles sehr dankbar - es hat mir sehr geholfen.

Viele Grüße an Deine Familie, und danke vielmals! Laß bald von Dir hören!

Deine Cousine Gaby

C 1. Where was Gaby when she received Tom's card?
2. What had happened to her?
3. What did she get from her family?
4. What relation is she to Tom?

| | | | | |
|---|---|---|---|---|
| **Vielen Dank**<br>**Herzlichen Dank**<br>**Ich bedanke mich bei**<br>Thank you | **Dir**<br>**Euch**<br>**Ihnen** | **für**<br>for | **den**<br>**die**<br>**das** } . . . | **Deinen**<br>**Deine**<br>**Dein** } . . .<br>etc. |

| | | |
|---|---|---|
| **Ich mag (sehr) gern**<br>I (very much) like | **Platten**<br>**die Fotos**<br>**die Postkarte aus . . .** | records<br>the photographs<br>the postcard from . . . |
| **Es ist besonders**<br>It is particularly | **interessant**<br>**nützlich**<br>**lustig**<br>**hübsch** | interesting<br>useful<br>amusing<br>pretty |

| | | |
|---|---|---|
| **Nächste Woche schicke ich Dir**<br>Next week I'll send you | **ein Geschenk**<br>**eine Postkarte aus . . .**<br>**ein Buch** | a present<br>a postcard from . . .<br>a book |

Wien, den 8. August

Lieber Anthony!

Das war ja eine schöne Überaschung! Ich bedanke mich recht herzlich bei Dir. Wie hast Du überhaupt gewußt, daß ich für Asterix-Bücher schwärme?! Es ist sehr nett von Dir, etwas für meinen Geburtstag zu besorgen! Diese Bücher sind sehr lustig, findest Du nicht? Ich mag sie besonders gern.

Vielen, vielen Dank nochmals! Das ist das beste Geschenk, das ich bekommen habe!

Dein Freund

Alex

D 1. Write a thank you note to your German penfriend who has sent you something you particularly wanted for your birthday.

2. Look at the letter on the left and answer the following questions:

(a) What did Alex receive?
(b) What does he think of his present?
(c) What would he like to send Anthony?

# E. Asking for information

| | | | | | |
|---|---|---|---|---|---|
| **Ich möchte gern** I should like to receive | **Auskunft** information | **über** about | **Düsseldorf** / **Ihre Stadt** your town | **Ihr Dorf** your village | **Ihre Gegend** your region | **bekommen** |

| | | | |
|---|---|---|---|
| **Könnten Sie mir bitte** Could you please send me | **einige Broschüren** | some brochures | **schicken?** |
| | **einige Prospekte** | some leaflets | |
| | **eine Preisliste** | a price list | |
| | **eine Liste der Restaurants** | a list of restaurants | |
| | **einen Stadtplan** | a plan of the town | |

| | |
|---|---|
| **Ich möchte auch gerne wissen,** I'd also like to know | **wann die Geschäfte aufhaben** when the shops are open |
| | **an welchem Tag der Markt stattfindet** which day is market day |
| | **was die Eßspezialitäten sind** what the food specialities are |
| | **was es für Unterkunftsmöglichkeiten gibt** what the possibilities for accommodation are |

| | |
|---|---|
| **Anbei** Enclosed | **finden Sie einen Umschlag für Ihre Antwort** please find an envelope for your answer |
| | **finden Sie einen internationalen Postantwortschein** please find an international reply-paid coupon |
| **Ich bedanke mich im voraus bei Ihnen** | Thanking you in advance |

1. Write to a skiing resort in the Swiss Alps requesting information about things to do in the evening, such as discotheques and films.
2. Write to the tourist office (**Fremdenverkehrsamt** or just **Verkehrsamt**) in Travemünde to ask about accommodation – you want to go with five other school friends for three weeks.

London, den 6.5.89

Das Verkehrsamt Bad Karlshafen
z. H. Frau Jansen
D3522 Bad Karlshafen

Sehr geehrte Frau Jansen,
ich möchte gern einige Auskünfte über Ihre Stadt und die Gegend (d. h. das Harzgebirge). Mein Mann und ich interessieren uns sehr für die mittelalterlichen Gebäude in Bad Karlshafen. Wir würden uns sehr freuen, ein bißchen darüber informiert zu werden. Könnten Sie auch einen Stadtplan für uns besorgen? Und vielleicht eine Liste der Hotels? Eine Broschüre über die Stadt und Ihre Geschichte wäre auch natürlich von großem Interesse für uns.

Vielen Dank im voraus!

Mit freundlichen Grüßen

Agnes Blake

3. Look at the letter on the left and answer the questions on it:

(a) What are Mr. and Mrs. Blake particularly interested in?

(b) What would Mrs. Blake like to receive?

(c) Can you supply any information about what the town's surroundings are likely to be?

# F. Booking accommodation

(i) At a hotel

| | | | |
|---|---|---|---|
| **Ich habe mich entschlossen,**<br>I have decided to spend | **einige Tage**<br>a few days | **in Ihrem Hotel**<br>in your hotel<br>**in der Jugendherberge**<br>at the Youth Hostel | **zu verbringen** |
| **Ich möchte**<br>I should like to book | **ein Einzelzimmer**<br>a single room<br>**ein Doppelzimmer**<br>a double room | **mit Bad**<br>with a bathroom<br>**mit Dusche**<br>with a shower | **reservieren** |

| | |
|---|---|
| **Ich hoffe,**<br>I hope<br>**Ich fahre wieder**<br>I'll leave again | **am 2. August um 18 Uhr anzukommen**<br>to arrive on August 2nd at 6 p.m.<br>**am 23. August ab**<br>on August 23rd |
| **Könnten Sie bitte**<br>Could you please | **die Reservierung bestätigen?**<br>confirm the booking?<br>**mir eine Preisliste zusenden?**<br>send me a price list? |

1. Write to book a single room at the Hotel Zum roten Löwen in Garmisch Partenkirchen. You would like all meals at the hotel, plus a shower in your room. Ask about the prices in the hotel restaurant.
2. Write to a youth hostel asking if they can accommodate you and your family (plus dog) for three weeks. You need to know the opening hours of the hostel and what there is to do in the evening.
3. Write a reply to the following letter confirming the booking:

Herrn J. Schmidt
Hotel Vier Jahreszeiten
D2000 Hamburg 1

Sevenoaks,
den 3.4.89

Sehr geehrter Herr Schmidt,
ich bin Vertreter für eine Kühlschrankfirma und muß zwei Wochen in Hamburg bei einer Tagung verbringen. Ich weiß schon, daß die Zeit etwas knapp ist, aber ich wäre Ihnen sehr dankbar, wenn Sie mir ein Einzelzimmer ab Freitag dem 14. April reservieren könnten. Es ist egal, ob das Zimmer Bad oder Dusche hat. Ich möchte jeden Tag in meinem Zimmer frühstücken - ist das möglich?

Ich werde am 14. April so um 17 Uhr ankommen, fahre dann am 24. wieder ab. Könnten Sie bitte diese Reservierung bestätigen und die Kosten angeben?

Mit freundlichen Grüßen

Rolf Alt

(ii) At a campsite

| | | | |
|---|---|---|---|
| **Ich beabsichtige**<br>I intend to spend | **eine Woche**<br>a week<br>**9 Tage/Nächte**<br>9 days/nights<br>**zwei Wochen**<br>two weeks | **auf Ihrem Campingplatz**<br>at your campsite | **zu verbringen** |
| **Ich möchte gern**<br>I should like to spend | | | **verbringen** |

| |
|---|
| **vom 9. bis 16. Juli**<br>from July 9th to 16th |

| | | |
|---|---|---|
| **Haben Sie (zu dieser Zeit) Platz für**<br>Do you have room (at that time) for | **ein Zelt?** | a tent? |
| | **zwei Zelte?** | two tents? |
| | **einen Wagen?** | a car? |
| | **einen Wohnwagen?** | a caravan? |
| | **4 Personen?** | 4 people? |
| | **2 Erwachsene?** | 2 adults? |
| | **2 Kinder?** | 2 children? |

| | | |
|---|---|---|
| **Haben Sie**<br>Do you have | **Toiletten?** | toilets? |
| | **Duschen?** | showers? |
| | **Waschräume?** | washrooms? |
| | **Strom?** | electricity? |

Uelzen, d. 5. Mai

Sehr geehrter Herr Lehmann,
wir möchten gern eine Woche (7 Nächte) auf Ihrem Campingplatz verbringen und wären Ihnen sehr dankbar, wenn Sie uns einen Platz für die Zeit vom 11. zum 18. Juli reservieren würden.

Wir sind insgesamt fünf Personen (zwei Erwachsene, drei Kinder) und haben zwei Zelte und einen Wagen. Wir sind Mitglieder des Deutschen Camping-Clubs und würden gerne wissen, ob wir eine Ermäßigung bekommen.

Für eine Bestätigung unserer Reservierung wären wir Ihnen sehr verpflichtet.

Mit freundlichen Grüßen

Friedrich Wagner

1. You want to book a space for two tents at a campsite (**Campingplatz Schöner Ausblick**) on the **Bodensee**. Ask for four weeks from September 7th.

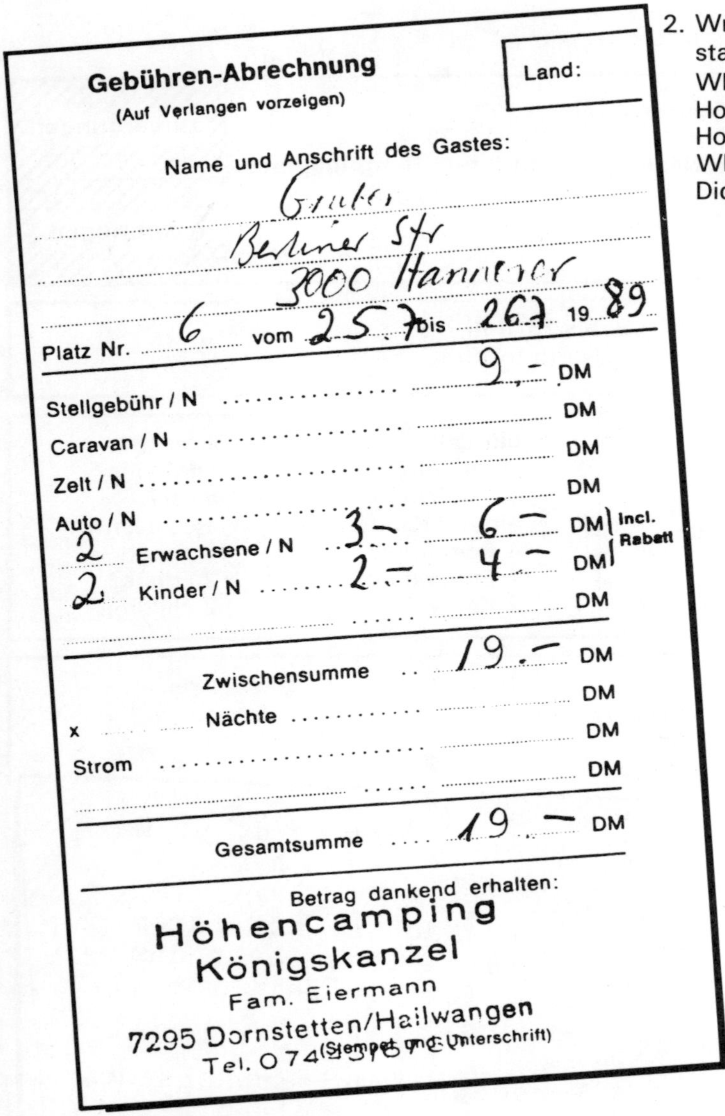

**Gebühren-Abrechnung**
(Auf Verlangen vorzeigen)

Land:

Name und Anschrift des Gastes:
Gruber
Berliner Str
3000 Hannover

Platz Nr. 6 vom 25.7 bis 26.7 1989

| | | |
|---|---|---|
| | 9,– | DM |
| Stellgebühr / N | | DM |
| Caravan / N | | DM |
| Zelt / N | | DM |
| Auto / N | | DM |
| 2 Erwachsene / N | 3,– | 6,– DM |
| 2 Kinder / N | 2,– | 4,– DM |
| | | DM |
| Zwischensumme | 19,– | DM |
| x Nächte | | DM |
| Strom | | DM |
| | | DM |
| Gesamtsumme | 19,– | DM |

Incl. Rabatt

Betrag dankend erhalten:

Höhencamping
Königskanzel
Fam. Eiermann
7295 Dornstetten/Hallwangen
Tel. 0 74 ...
(Stempel und Unterschrift)

2. Write a letter to a friend describing your stay at **Höhencamping Königskanzel**.
When did you stay there?
How many of you were there?
How much did it cost?
What was the weather like?
Did you enjoy your stay? etc.

# G. Making complaints

**Ich muß Ihnen leider mitteilen, daß . . . .**
I must unfortunately inform you that . . . .
**Es tut mir leid, Ihnen so schreiben zu müssen, aber . . . .**
I am sorry to have to write to you like this, but . . . .

| | | |
|---|---|---|
| **Mit meinem Aufenthalt**<br>I was not at all happy about my stay | **in Ihrem Hotel/Gasthaus**<br>in your hotel/inn<br>**auf Ihrem Campingplatz**<br>at your campsite<br>**bei Ihnen**<br>with you /at your place | **war ich gar nicht zufrieden** |

| | |
|---|---|
| **Es hat meinen Erwartungen nicht entsprochen** | It didn't come up to my expectations |

| | | | |
|---|---|---|---|
| **Die Bedienung war** the service was | | **schlecht** bad | **furchtbar** terrible |
| **Die Kellner/Kellnerinnen** The waiters/waitressess | **waren** were | **unhöflich** impolite | **nicht hilfsbereit** unhelpful |

| | | |
|---|---|---|
| **Der Campingplatz** The campsite<br>**Die Küche** The kitchen | **war** was | **schmutzig** dirty<br>**nicht gerade sauber** not exactly clean<br>**nicht in Ordung** not working properly<br>**außer Betrieb** out of order<br>**sehr schlecht** very bad |
| **Die Toiletten** The toilets<br>**Die Waschräume** The washrooms<br>**Die Duschen** The showers<br>**Die Zimmer** The rooms | **waren** were | |

| | | | |
|---|---|---|---|
| **Wir hatten keine** We had no | **Kissen** pillows<br>**Decken** blankets<br>**Teller** plates | **Gabeln** forks<br>**Seife** soap<br>**Löffel** spoons | **Messer** knives<br>**Servietten** napkins<br>**Handtücher** towels |

| | | |
|---|---|---|
| **Der Herd** The cooker<br>**Die Heizung** The heating | **Der Wasserhahn** The tap<br>**Der Fernseher** The television | **funktionierte nicht** didn't work<br>**war kaputt** was broken |

**Ich erwarte in naher Zukunft eine Erklärung von Ihnen.**
I shall expect an explanation from you in the near future.

**Wenn nicht, dann fühle ich mich gezwungen, mich mit**
If not, then I shall feel obliged to contact

| | | |
|---|---|---|
| **der Agentur** | the agency | **in Verbindung zu setzen** |
| **dem Reisebüro** | the travel agent | |
| **den kompetenten Behörden** | the relevant authorities | |
| **dem Besitzer** | the owner | |
| **der britischen Botschaft** | the British Embassy | |
| **meinem Anwalt** | my lawyer | |

München, den 4. Juli

Sehr geehrte Herren!
Ich muß Ihnen leider mitteilen, daß ich mit meinem Aufenthalt im Hotel Zum roten Löwen in der Zeit vom 2. bis 3. Juli gar nicht zufrieden war. Erstens war mein Zimmer nicht fertig, obgleich ich es schon drei Wochen vorher gebucht hatte. Zweitens gab es in dem Zimmer keinen Schreibtisch (was für mich von großer Bedeutung war) und keine Dusche. Ich hatte beides bestellt. Drittens habe ich kein weichgekochtes Ei zum Frühstück bekommen - meins war steinhart. Viertens hat die Kellnerin mich unverschämt ausgelacht, als ich protestierte.

Ich habe nicht die Absicht, solches Benehmen seitens Ihres Personals zu dulden. Ich erwarte von Ihnen umgehend eine Erklärung, wie solche Zustände in einem sogenannten erstklassigen Hotel überhaupt möglich sind.

Hochachtungsvoll

1. Write a letter to a hotel complaining about your stay there. Mention the food, the comfort of your room, and the service.
2. Write a letter to the owner of a campsite complaining that the facilities were overcrowded and dirty, that there was too much noise at night, and that some of your equipment was stolen.
3. Write a letter to a friend complaining about your disastrous holiday by the sea: the weather was bad, the accommodation appalling, the food terrible; in addition the town itself was boring and expensive.

# H. Applying for a job

**Ich habe Ihr Stellenangebot in der Zeitung gelesen**
I have read your job advertisement in the newspaper

| | | | |
|---|---|---|---|
| **Ich möchte mich um**<br>I should like to apply for | **eine Stelle/einen Job**<br>a job<br><br>**eine Aushilfstätigkeit**<br>a temporary job | **bei Ihnen**<br>with you<br>**in Ihrem Kaufhaus**<br>in your department store<br>**bei Ihrer Firma**<br>with your firm<br>**als Verkäufer(in)**<br>as a shop assistant<br>**als Stenotypist(in)**<br>as a typist<br>**als Dolmetscher(in)**<br>as an interpreter<br>**als Au Pair-Mädchen**<br>as an au pair | **bewerben** |

| | | |
|---|---|---|
| **Ich interessiere mich für diese Stelle,**<br>I am interested in this job<br><br>**Diese Stelle zieht mich an,**<br>This job attracts me | **weil**<br>because | **ich Kinder sehr gern habe**<br>I like children very much<br><br>**ich sehr gern**<br>I would very much like to work |

| | | |
|---|---|---|
| **in einem Büro** | in an office | |
| **in einem Kaufhaus** | in a department store | |
| **in einer Fabrik** | in a factory | |
| **im Freien** | in the open air | **arbeiten möchte** |
| **mit den Händen** | with my hands | |
| **mit anderen Leuten** | with other people | |
| **bei einer Familie** | in the family | |

| | |
|---|---|
| **Hiermit übersende ich Ihnen**<br>I enclose herewith | **einen Lebenslauf**<br>a curriculum vitae (C.V.)<br>**ein Lichtbild neueren Datums**<br>a recent photograph<br>**meine Zeugnisabschriften**<br>my references |

Margaret Green den 21.5.89
10 Lower Chantry Lane
Bungay
Suffolk
England

Fa. Rudolf Meyer
Goethestraße 21
D6000 Frankfurt/Main 1

Bewerbung um eine Aushilfstätigkeit

Sehr geehrte Herren,
hiermit möchte ich mich über die Möglichkeit erkundigen, einen Ferienjob bei Ihrer Firma zu bekommen. Ich bin jetzt siebzehn Jahre alt, stehe kurz vor dem Abitur und würde gerne als Verkäuferin in Ihrem Kaufhaus arbeiten. In 18 Monaten hoffe ich, auf der Universität London Fremdsprachen zu studieren; ich möchte aber zuerst meine deutschen Sprachkenntnisse erweitern. Daher wende ich mich an Sie in der Hoffnung, daß ich Ihnen etwa beim Sommerschlußverkauf aushelfen könnte. Diesem Brief lege ich ein Foto bei und die Namen von drei Personen, bei denen Sie Auskunft einholen können. Sollte ein Interview in Frage kommen, stehe ich Ihnen vom 13. Juli an zur Verfügung.

In Erwartung Ihrer Antwort verbleibe ich

mit freundlichen Grüßen

Margaret Green

1. Read the letter from Margaret Green and answer the following questions:
   (a) In what class is Margaret at school?
   (b) What job is she applying for?
   (c) Why does she want a job in Germany?
   (d) What does she enclose with her letter?
   (e) When is she available for interview?
2. Write your own letter of application for a job as a factory worker in Germany, asking what the job entails and enclosing your references, C.V. and a photograph.
3. You are a German boy or girl applying to be a **Jugendleiter** in a German **Jugendklub**. Say why you would like the post and why you think you are the person for the job!

# SPRACHSCHULE INTERNATIONAL

Adenauer Straße 46–48
6000 Frankfurt/Main 2
Telefon 38 35 60

Frankfurt/Main, den 7.6.1989
Zeichen: Bra/El

Fräulein
Christine Miller
24 Brighton Road
Epsom
Surrey

Bewerbung um Einstellung als Lehrkraft

Sehr geehrtes Fräulein Miller!
Wir danken Ihnen für Ihre Bewerbung vom 21. Mai 1989 und überreichen Ihnen in der Anlage unseren Fragebogen, den Sie bitte ausgefüllt und unterzeichnet zusammen mit einem Lichtbild neueren Datums, Ihren Zeugnisabschriften und der Bekanntgabe von drei Referenzen, d. h. Namen und Anschriften von Persönlichkeiten, bei denen wir ggf. eine Auskunft einholen können, umgehend zurückreichen.

Wir machen Sie dabei darauf aufmerksam, daß wir grundsätzlich nur Lehrkräfte einstellen, die sich auf wenigstens ein Jahr verpflichten. Sie sind vormittags überwiegend von 9.00 - 13.00 Uhr und abends von 17.20 - 21.00 Uhr eingesetzt, samstags sind Sie bestimmt von 9.00 - 13.00 Uhr eingesetzt.

Sie erreichen bei uns ein gutes Entgelt und sind auf unseren Antrag hin als Engländerin für zwei Jahre steuerfrei. Sollten Sie bis zum 13.6. oder nach dem 23.6. in Frankfurt sein, würden wir uns gern mit Ihnen persönlich besprechen. Rufen Sie uns also bitte dann an und verabreden mit Herrn Direktor Braun einen persönlichen Besprechungstermin.

Wir erwarten Ihre umgehende Antwort und verbleiben inzwischen

mit freundlichen Grüßen

Sprachschule International
Der Direktor

Braun

Braun

1. What is Christine Miller asked to return to the language school?
2. How long would she have to stay?
3. What hours would she work?
4. What would one important financial advantage be?
5. What should she do if she is in Frankfurt at the beginning or end of June?

# Section 5:

# Simple business letters

We have seen in Section One how to begin and end formal letters. The most formal way to end is with **Mit vorzüglicher Hochachtung** or **Mit verbindlichen Empfehlungen**; less formal are expressions like **Mit freundlichen Grüßen** or **Mit aufrichtigen Grüßen**. You usually begin **Sehr geehrte Herren** if you are writing to a firm.

betr. = betreffend **(re)**; i.A. = im Auftrag **(pp.)**; d.J. = dieses Jahres.

Marktoberdorf, 15. März 1989

Firma Klaus Scheidemann
Schubertstr. 24a
2000 Hamburg 1

Betr. Lieferung von Weingläsern; meine Bestellung vom 15.1.89

Sehr geehrte Herren!
Am 15.1.d. J. habe ich 100 Weingläser à 2,40 DM bestellt. Seither habe ich nichts von Ihnen gehört. Da wir die Gläser für eine Veranstaltung dringend benötigen, wäre ich Ihnen sehr verpflichtet, wenn Sie mir einen Lieferungstermin nennen würden. Wir sehen Ihrer Antwort mit Interesse entgegen.

Mit vorzüglicher Hochachtung

H.Braun und Sohn

Manfred Priebsch i. A.

M.Priebsch

1. Why is Herr Priebsch writing?
2. How long has he been waiting?
3. Why does he need the glasses?
4. What does he want to know?

The following letters and exercises are all taken from the Oxford and Cambridge Schools Examination Board's 'German for Business Studies' papers:

Lieber Herr Clarke,
wir danken Ihnen für Ihren Auftrag vom 28.4.d.J. und freuen uns, wieder mit Ihnen in Geschäftsverbindung zu treten.

Ordnungshalber wiederholen wir Ihre Bestellung:

600 Biergläser, Katalog Nr. 14
400 Weingläser, Katalog Nr. 27
150 Likörgläser, Katalog Nr. 39
80 Sektgläser, Katalog Nr. 8

Wir hoffen, Ihre Bestellung in ca. 10 - 15 Tagen auszuführen. Der Versand erfolgt über Hamburg mit dem Dampfer 'Ingrid'.

In Ihrem Schreiben baten Sie mich, Ihnen mitzuteilen, ob es bei uns eventuell Arbeitsmöglichkeiten für Ihren Sohn gibt. Selbstverständlich sind wir gern bereit, Ihnen als altem Kunden in dieser Sache entgegenzukommen.

Wir möchten Ihren Sohn jedoch bitten, uns nähere Einzelheiten über seine deutschen Sprachkenntnisse, die voraussichtliche Dauer seines Aufenthalts in Deutschland, sowie etwas über den Arbeitsbereich, in dem er sich betätigen möchte, anzugeben.

Mit freundlichen Grüßen

Ihr
Christian Römer

1. Write in German the letter requested in the final paragraph above, signing yourself Trevor Clarke, using 110–130 words (excluding addresses) and following the instructions below.

   Say how long you've been learning German.
   Say how often you've been to Germany.
   Explain what kind of job you would like, for how long, and when you could start.
   Ask if you could live in a family to improve your German.
   Explain how German is going to be useful for you in your future career.
   Thank Herr Römer for his offer to help.

Lieber Herr Jones,

wir danken Ihnen für die Lieferung von chinesischen Gartenstühlen, die gestern eingetroffen ist. Wir sind mit der Qualität durchaus zufrieden und hoffen, Ihnen nächstens einen größeren Auftrag erteilen zu können.

Wir möchten Sie jedoch darauf aufmerksam machen, daß wir bei den zusammenklappbaren Stühlen große Schwierigkeiten beim Aufstellen sowie beim Montieren der Kopflehne hatten. Wir bitten Sie, uns umgehend die nötigen Anweisungen zu schicken, sonst werden wir diesen Artikel kaum absetzen können.

Teilen Sie uns gleichzeitig mit, ob diese Ware in Zukunft auch in anderen Farben lieferbar ist. Karminrot ist zwar sehr schön, aber unsere Kunden sind hauptsächlich an weißen Gartenmöbeln interessiert, weil diese Farbe die bunte Blumenpracht im Garten besser hervorhebt. Wir sind sicher, daß wir bei weißen Gartenmöbeln mit einer erhöhten Nachfrage rechnen können.

Mit freundlichen Grüßen

Hermann Gartenzwerg

2. Write in German a reply to the above letter, using roughly 110–130 words (not counting addresses) and following the instructions below:

   Say you're glad Herr Gartenzwerg likes the furniture and you look forward to another order.
   Promise to deal with the order with all speed, but regret you couldn't deliver anything until next year as your stocks are exhausted.
   Say your colleague has gone to China to negotiate future supplies.
   Say he will ask if it is possible to obtain white furniture.
   Explain that the chairs do not have a headrest but a footrest.
   Apologise for not having sent instructions.
   Say you have had them translated and are enclosing them.

# Section 6: Test questions

**1** Write a letter of 60–70 words **in German** introducing yourself to your new penfriend. Make sure you include **four** of the points listed below including **either** (5) **or** (6).

Give details about:
(1) Yourself.
(2) Your family.
(3) Your school.
(4) Your interests.

---

(5) What there is to do in your area.
(6) What you know about Germany.

[LEAG, Basic Level, June 1988]

**2** You have just received a letter from a boy in Germany, named Karl. Write a reply in German, of 70–80 words, including the following:

(a) Begin your letter with a date and a suitable greeting.
(b) Thank him for his letter.
(c) Ask how old his brother and sister are.
(d) Give at least **three** details about your family.
(e) Say what your favourite subject is at school, and why.
(f) Ask what he does in his free time.
(g) Say what there is to do where you live.
(h) Explain at what time school finishes.
(i) Say what you do in the evenings.
(j) Tell him what sport you play.
(k) Ask what type of music he likes best.
(l) Ask if you can go and stay with him next year.
(m) Sign your letter with a suitable ending.

[Southern Examining Group, General and Extended Level, November 1988]

**3** You receive the following letter from your German penfriend:

Lieber Darren / Liebe Lesley!

Vielen Dank für Deinen letzten Brief. Hast Du Lust, mir in Deinem nächsten Brief etwas über Deine Schule zu schreiben? Ich möchte gerne wissen, wie es in der Schule in England ist. Mir geht es gut - wie geht es Dir und Deiner Familie? Hoffentlich auch gut!

Tschüß!

Dein Christian / Deine Christine

Write a letter in reply **in German**.
In the letter you should include the following:

- a suitable beginning and ending;
- when your school begins and ends;
- when the dinner hour is;
- **two** things you do in the dinner hour;
- details about your homework and how long you spend on it;
- the lesson you like best and why you like it;
- **two** other things about your school.

Write about 60 words. There is no need to count the number of words.

[Northern Examining Association, Basic Level, June 1988]

**4** Your German penfriend sends you some photographs of her flat and tells you all about it. She then asks you to send some photographs of where you live and to describe it.

In your reply you must:

- include a suitable beginning and ending;
- thank your penfriend for the letter and the photographs;
- say you are sending a photograph;
- give a brief description of your house/flat, e.g. type, size, garden, number of rooms;
- describe your own room and mention **three** things in it;
- say if you like your house/flat.

Write about 60 words **in German**. There is no need to count the number of words.

[Northern Examining Association, Basic Level, November 1988]

**5** Fill in the gaps with a German word to make sense and complete the story.

München, den 17. August

....(1).... Helen,

Ich ....(2).... Deine neue Brieffreundin. Eine Freundin hat mir Deine Adresse ....(3).... . Ich ....(4).... Trudi Baumann, bin sechzehn ....(5).... alt und ....(6).... nicht weit von der Münchener Stadtmitte.

Für mich ist München ideal — es ist viel los! Ich habe immer viel ....(7).... tun — es ....(8).... viele Sportclubs, Kinos und Discos für junge Leute. Ich kann sehr schnell die Stadtmitte ....(9).... meinem Mofa erreichen.

Unsere Wohnung ist im zehnten ....(10).... eines Wohnblockes. Wo ....(11).... Du? Und wie alt ....(12).... Du? Mein Vater ist Ingenieur und ....(13).... in einem Büro. Meine Mutter ist Lehrerin in einer Grundschule. Die Schule ist ....(14).... dem Lande, zwanzig ....(15).... von München entfernt, und hat fünfhundert Kinder.

Ich komme normalerweise gegen zwei Uhr nachmittags nach Hause. Dann mache ich Sport oder meine Hausaufgaben. Meine Lieblingsfächer ....(16).... Physik, Chemie und Mathematik. Was lernst du gern? Machst Du Sport? Was für Hobbys ....(17).... Du? Ich sammle europäische Briefmarken — ich habe schon über zweitausend.

Ich lege ein Foto von mir und auch einen Stadtplan ....(18).... München bei.

Schreib' mir bitte ....(19)....

....(20).... neue Freundin

Trudi

[Southern Ireland Examining Board, Intermediate Certificate Sample Paper]

**6** Write a letter **in German** in reply to the letter below. You must write 60–70 words and refer to **four points** made in the letter. **One** of these must come from the second paragraph.

München, den 31. Mai

Hallo!

Vielen Dank für Deinen netten Brief. Wie geht es Deiner Oma jetzt? Mein Bruder Udo fährt nächsten August nach London. Weißt Du, wo er wohnen kann? Er braucht nur etwas Einfaches, denn er hat nicht viel Geld. Ich bin nicht sicher, wieviel ein Zimmer in London kostet. Weißt Du es? Er bleibt sechs Wochen in England und möchte einen Ferienjob dort. Ist so was leicht zu finden? Hoffentlich kannst Du uns helfen!

Also, Ihr seid schon zwei Monate in Eurem neuen Haus auf dem Lande. Wie sieht es aus? Kannst Du es mir be=schreiben? Was gibt es dort zu tun? Ich würde Euch gern besuchen!

Laß bald von Dir hören!

Alles Gute!

Uli

[LEAG, Basic Level, June 1988]

**7** You have recently moved house and are now living in a different area. Write a letter **in German** to your German penfriend, telling him/her about the day you moved. (Write approximately 100 words.)
(der Möbelwagen = furniture van)

- mention any problem you had;
- say why you like or dislike the new area;
- tell him/her about any friends you have made;
- say how you met your new friends;
- finish by giving your first impressions of your new school.

[Midland Examining Group, Higher Level, November 1988]

**8** On your birthday you receive the following letter from your German penfriend:

> München, den 10. Oktober 1988
>
> Hallo, Du!
>
> Hoffentlich kommt dieser Brief rechtzeitig an. Ich weiß, daß Du am Donnerstag Geburtstag hast. Ich schicke Dir also meine herzlichsten Glückwünsche zu Deinem Geburtstag. Hoffentlich bekommst Du recht viele Geschenke - ich möchte davon hören. Schreib mir also bald und erzähl mir, was Du alles bekommen hast und was Du gemacht hast!
>
> Tschüß!
>
> Deine Claudia.

Shortly after your birthday you answer the letter **in German**. Do not forget to mention:

- the money you got from your parents and how you're going to spend it;
- the pullover your sister sent, what it is like and whether you like it;
- the record your cousin gave you and whether you like it;
- the poster of your favourite popstar, who it is and why you like him/her;
- details of the special meal you had on your birthday;
- what you did with your friends in the evening to celebrate.

Write about 100 words. There is no need to count the number of words.

[Northern Examining Association, Higher Level, November 1988]

**9** Write a letter **in German** in reply to the letter below. You must write 60–70 words and refer to at least **four points** made in the letter. **One** of these must come from the second paragraph.

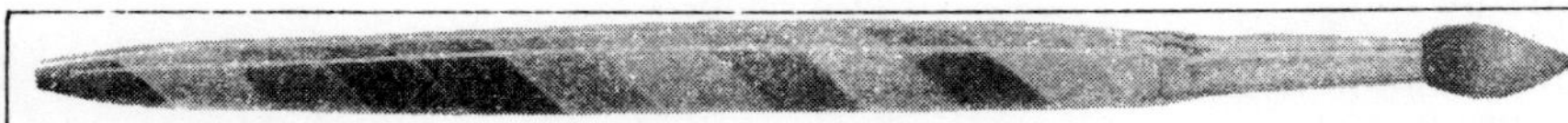

Freiburg, den 30 April

Hallo!

Ich habe eine große Bitte an Dich. Wie Du weißt, komme ich im Sommer nach England. Ich habe gehört, daß „die Angels" am 26. Juli beim Rock-konzert in Liverpool spielen werden. Ich bin ihr größter Fan und will ins Konzert gehen. Kaufst Du mir eine Karte, bitte, und laß mich wissen, wieviel sie kostet. Kannst Du auch ins Konzert mitkommen? Können wir bei Deiner Kusine in Liverpool übernachten? Das letzte Mal bei ihr war wunderbar — erinnerst Du Dich noch daran?

Was hast Du zu Ostern gemacht? Bei uns war das Wetter sehr schön. Welche Pläne hast Du für meinen Besuch im Juli?

Also, ich freue mich schon auf Deine Antwort.

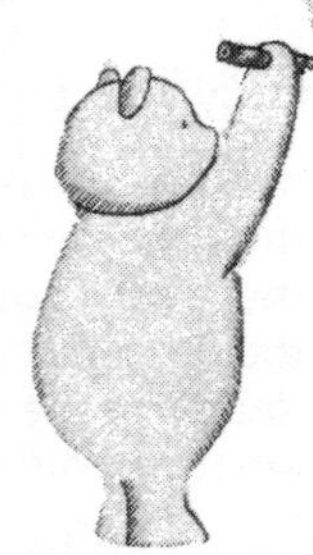

Alles Gute!

[LEAG, Basic Level, January 1989]

**10** Write a note **in German** to your German friend Hans, explaining that you have gone into town to buy stamps in the post office and post a parcel. You plan to be back by lunch time.

(20–30 words)

[Northern Ireland Schools Examination Council, Basic Level, June 1988]

**11** You are staying with a German family and have found this note left for you by your hostess.

Dein Vater hat eben angerufen. Er will wissen, wann Dein Zug am Montag in Victoria ankommt. Kannst Du ihn bitte anrufen?
Ich habe Deine Bilder vom Fotogeschäft mitgebracht. Sie sind wirklich fantastisch!
Wir kommen erst spät nach Hause – wir gehen gleich nach der Arbeit ins Kino. Ich habe James Bond so gern!

Tschüß!

Before going to bed, leave a message of 25–30 words **in German** for your hostess, Frau Müller, with the following details:

(1) say why you have gone to bed early
(2) say when you will phone your father
(3) thank her for the photos
(4) ask where the photos are now
(5) tell her you will be in for lunch the next day

You should write about 25–30 words.

[LEAG, Basic Level, June 1988]

**12** While on holiday, you are going through the town where Uwe, your German penfriend, lives. When you call, he is out.

Write a short message **in German** telling him that:

you are on your way to Austria.
you are coming back in two weeks.
you will visit him then.

[Southern Examining Group, General and Extended Level, June 1988]

**13** Whilst staying with a German family you return home and find this message.

Bin eben nach Hause gekommen – $15.^{15}$ h.
Eine Panne gehabt und meine Schlüssel verloren! Weißt Du, wo sie sind? Hast Du ein Stück Erdbeertorte gegessen? Meine Schwester hat sie uns gebacken. Ich weiß nicht, was Du heute abend machst, aber viel Spaß!

Bis morgen!

Leave a message **in German** of 25–30 words for your host with the following information:

(1) Say what time you left the house.
(2) Say where you found the keys.
(3) Say what the cake was like.
(4) Describe your plans for the evening.
(5) Say when you will be back.

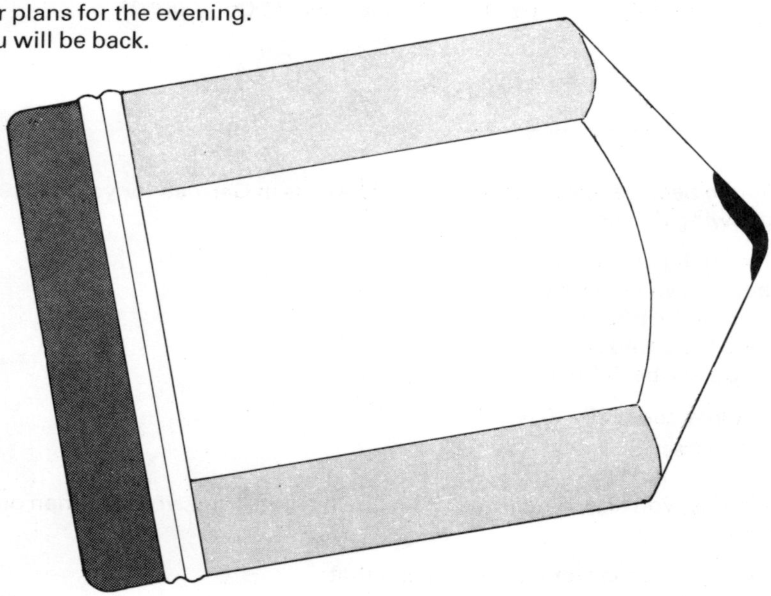

[LEAG, Basic Level, January 1989]

**14** On a postcard, write a note of thanks **in German** for the Christmas present your penfriend sent. Explain also why you thought it was such an *ideal* present for you.

(Write approximately 20–30 words.)

[Southern Ireland Examining Board, Intermediate Certificate, June 1988]

**15** Write a letter **in German** to the *Hotel zum Löwen* in Darmstadt to book one double room with bath for your parents. They plan to arrive on 4th August around midday. Ask whether there is a car park; enquire at what time breakfast is served, and what there is to do in the hotel in the evening.

(50–60 words)

[Northern Ireland Schools Examinations Council, Basic Level, June 1988]

**16** You have received these details about hotels in a German town. Choose **one** of the hotels and write a letter including the following information and questions. Your letter should be about 100 words long.

| **Vermieter** | **Anschrift** | Telefon | Lage | Zi. m.Du./Bad/WC | Zi. m. Du./Bad | Zi. m. k. + w. W. | Bad/Du. im Haus | Bettenzahl | Einzelzimmer | Doppelzimmer | Mehrbettzimmer | Übern. m. Frühstück DM |
|---|---|---|---|---|---|---|---|---|---|---|---|---|
| Schloß-Hotel | Hubertusstraße 2 | 50 51 / 52 | F7 | x | | | | 65 | 13 | 23 | 2 | ab 42,50 |
| Hotel am Turm | Marktplatz 11 | 42 61 | D7 | | x | | x | 17 | 5 | 3 | 2 | ab 38,– |
| Hotel Solmser Hof | Marktplatz 1 | 42 35 | D7 | | x | x | x | 12 | 6 | 3 | 2 | ab 35,– |

(i) You wish to book two single rooms with showers.
(ii) You would like to stay for one week.
(iii) You are arriving on Monday 2nd October, 1989.
(iv) Ask how far the hotel is from the railway station.
(v) Ask at what time breakfast is.
(vi) Ask whether you can get lunches and evening meals.
(vii) Say you are interested in going to the cinema or theatre, and ask about details of the programme during your stay.
(viii) Ask the hotel to send you a town map and any other relevant brochures about the town.

**Remember to begin and end your letter in a suitable way.**

[Southern Examining Group, Extended Level, November 1988]

**17** Your parents have asked you to write a letter **in German** to a campsite in Austria in order to book for a few days in the summer. You may write whatever you think is necessary, but you could state (*a*) the dates of arrival and (*b*) of departure, (*c*) how many are in your family, and (*d*) whether you have a tent or a caravan. You could also ask (*e*) what is on the site (such as a restaurant or swimming pool) and (*f*) whether there are shops on the site or nearby. (*g*) Do not forget to ask the price per day. Write about 50 to 70 words in all.

[Welsh Joint Educational Council, Basic Level, June 1988]

**18** Write a formal letter **in German** to a campsite in Bavaria where you and two friends want to stay in August.

- Give the dates you wish to stay.
- Then ask about:
  - prices;
  - facilities on the site (e.g. shops, showers etc.);
  - excursions;
  - what there is to do when you get there.

You may add any other relevant points if you wish. (Write approximately 100 words.)

[Midland Examining Group, Higher Level, June 1988]

**19** You need to inform your German penfriend about a change of plan. Write a letter **in German** to your penfriend, covering the following points:

- say you cannot visit him/her as planned in the summer holiday;
- explain that you have a holiday job;
- suggest another time for your visit;
- give details of your plans for next year;
- tell him/her about a recent school outing.

You may add other relevant points if you wish. (Write approximately 100 words.)

[Midland Examining Group, Higher Level, June 1989]

**20** You have received this postcard from your German penfriend. Write a postcard of 25–30 words **in German** to your penfriend, referring to **all** the following points:

(1) Say how you are.
(2) Mention **your** favourite sport.
(3) Say whether you will be able to take up your friend's offer.
(4) Tell your friend what you are doing at the moment.
(5) Thank your friend in advance for your mother's present.

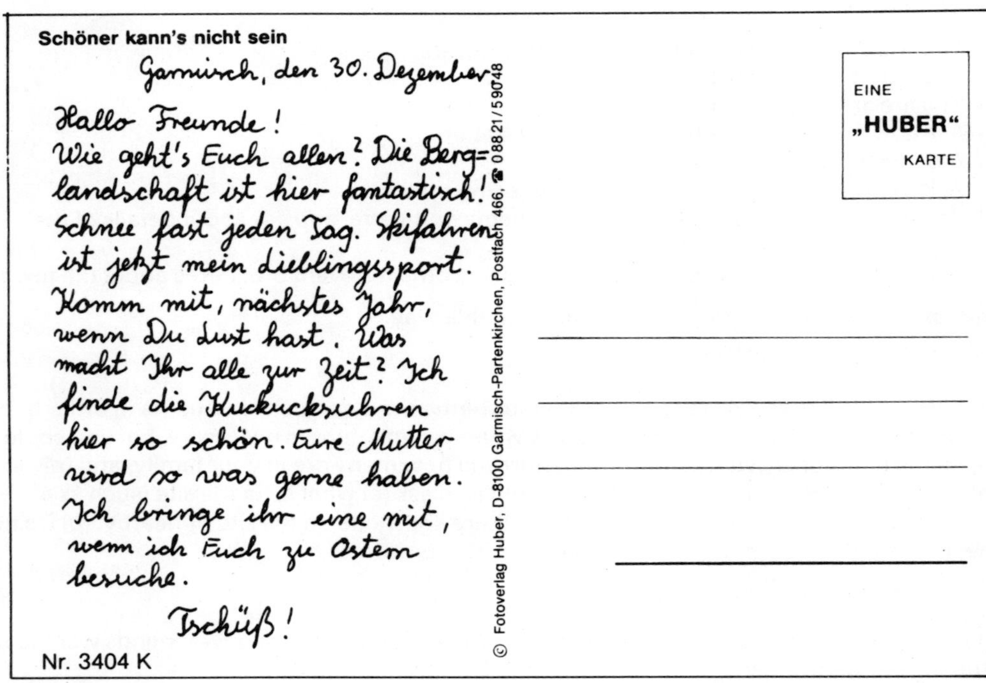
**Schöner kann's nicht sein**

Garmisch, den 30. Dezember

Hallo Freunde!
Wie geht's Euch allen? Die Berg=landschaft ist hier fantastisch! Schnee fast jeden Tag. Skifahren ist jetzt mein Lieblingssport. Komm mit, nächstes Jahr, wenn Du Lust hast. Was macht Ihr alle zur Zeit? Ich finde die Kuckucksuhren hier so schön. Eure Mutter wird so was gerne haben. Ich bringe ihr eine mit, wenn ich Euch zu Ostern besuche.

Tschüß!

Nr. 3404 K

© Fotoverlag Huber, D-8100 Garmisch-Partenkirchen, Postfach 466, ☎ 08821/5 9048

EINE
**„HUBER“**
KARTE

[LEAG, Basic Level, January 1989]

**21** Write a note **in German** to a friend in Germany stating that you'll be away for two weeks during the summer and asking when he/she plans to visit you and where he/she is to be met.

(Write approximately 25 words.)

[Southern Ireland Examining Board, Intermediate Certificate, Department of Education Paper 1985]

**22** You have received this postcard from your Austrian penfriend. Write a postcard of 25–30 words **in German** mentioning:

(1) how you are
(2) your plans after the exams
(3) your summer holidays
(4) proposed visit to penfriend
(5) your part-time or holiday job.

**WIEN,** Volksgarten mit Museum, Belvedere, Schloß Schönbrunn

Wien, den 8. Mai.

Wie geht's Euch allen? Hier in Österreich ist das Wetter herrlich! Was machst Du nach Deinen Prüfungen? Wie lange hast Du Sommerferien und was machst Du dann? Im Moment suche ich einen Ferienjob. Wann kommst Du wieder auf Besuch? Ich fahre am Wochenende nach Hause. Schade!

Alles Gute! B.

Nº 566/21/28

KWM · Wien

[LEAG, Basic Level, June 1988]

**23** You sit down to reply **in German** to this letter from your penfriend in Frankfurt am Main (you have numbered her questions)

Frankfurt, den 5. Januar

Liebe(r) Paul(a),

Ich freue mich sehr, daß Du dieses Jahr endlich nach Deutschland kommen kannst. Ich weiß, Du hast ja schon so lange gespart, damit Du den Flug nach Deutschland bezahlen kannst. Und so laden Dich jetzt meine Eltern herzlich ein, zu Ostern 3 Wochen bei uns in Frankfurt zu verbringen.

Natürlich habe ich noch viele Fragen! (*1*) Wann kommst Du, und (*2*) wo können wir Dich abholen? (*3*) Kommst Du dann die erste Woche mit in die Schule? In den Osterferien könnten wir viel zusammen unternehmen. (*4*) Was möchtest Du in der Stadt machen? Einen Stadtplan mit Informationen über Frankfurt habe ich Dir ja schon geschickt. (*5*) Würdest Du gern im Taunus in den Bergen wandern oder lieber eine Radtour am Main entlang machen? (*6*) Und was sollen wir dann noch zusammen machen in den Ferien? Schreib mir bitte bald!

Herzlichst,
Deine Bärbel

*Thank* Bärbel enthusiastically for the invitation.

*Reply* to the *six* numbered questions in some detail, stating in particular *what* you would like to do in the city (*4*) – shopping? visits to cinema/zoo/museums? etc? – and *why* you prefer *either* to go hill-walking in the Taunus mountains *or* cycling along the river Main (*5*).

*Finish* by sending *good wishes* to her and her family.

(Write approximately 120 words.)

[Southern Ireland Examining Board, Intermediate Certificate, June 1988]

**24** You have received the letter below from your German penfriend:

Lieber Frank / Liebe Anita!

Ich schreibe Dir heute einen ganz kurzen Brief, weil ich Dich fragen möchte, ob ich Dich Ende Juli besuchen könnte. Meine Eltern fahren dann nämlich nach Spanien – noch einmal! – aber ich habe keine Lust mitzufahren. Ich möchte lieber meine Freunde in England besuchen und meine Eltern sind damit einverstanden. Was machst Du eigentlich Ende Juli? Sind Deine Prüfungen dann zu Ende? Vielleicht könnten wir etwas zusammen machen?

Schreib mir bald bitte und sag mir, ob das in Ordnung ist, und wann ich ankommen soll.

Bis bald,

Dein Matthias / Deine Susi.

After talking to your parents about this letter you reply **in German**. In your reply you should

(a) start and end the letter suitably;
(b) thank your penfriend for the letter, ask how he/she is and say you are well;
(c) say something about your examinations, e.g. how many subjects you are taking, which ones you like/dislike most and why;
(d) explain when the last one is and how you intend to celebrate;
(e) tell your penfriend that you and your parents are going away in your caravan for a week, starting on July 23rd;
(f) say that you have discussed your penfriend's letter and add that he/she is welcome to come along;
(g) tell your penfriend to arrive on July 22nd, preferably in the afternoon, so that you can meet him/her at the station.

Write about 100 words. There is no need to count the number of words.

[Northern Examining Association, Higher Level, June 1988]

**25** You have just returned from a holiday at your German penfriend's house. Write a letter **in German** of 60–70 words to the German family. Make sure you cover **four** of the following points, one of which must be **either** (5) **or** (6).

(1) Express your thanks.
(2) Say when you arrived home.
(3) Say what you liked most during your stay.
(4) Invite them to your home.

---

(5) Say what you have been doing since you returned.
(6) Tell them your plans for your next holidays.

[LEAG, Basic Level, January 1989]

**26** **Either,**

(a) Write a letter **in German** to your penfriend, of about 100 to 120 words, finalising the arrangements for your coming visit to his/her home. Mention as many as possible of the points given below:

Thank him/her for a recent letter you have received.
Ask how he/she is and say that you are fine.
Say how much you are looking forward to your visit.
State how you will get to Germany (e.g. coach, plane) and by which route.
Say something about your arrival (place, date, time).
Ask if he/she can be there to meet you.
Ask what he/she will be wearing so that you can recognise him/her.
Ask for his/her telephone number in case of emergency.

**Or,**

(b) During a stay in Germany you were the only witness to a collision between a cyclist and a child who was slightly hurt. You have been asked to write a letter **in German** telling what you saw. Address your letter to the chief of police (Polizeikommissar) and give the following details in about 100 to 120 words:

The time of day it was and where you were when the accident happened.
What the child was doing just before the accident.
How the cyclist was riding.
How the accident occurred.
Whom you informed of the accident and how (e.g. by 'phoning, shouting etc.).
How you helped the child.
Give your opinion about whose fault it was and why.

[Welsh Joint Education Committee, Higher Level, June 1988]

**27** You are making arrangements for a group of 30 pensioners to visit your twin town of Höxter and have obtained the leaflet printed overleaf.

Write a formal letter **in German** to the steamer company:

- to book a day's outing for a particular day from Höxter to Bad Karlshafen and back;
- asking if there are any special reductions for pensioners or groups;
- reserving tables in the restaurant;
- requesting the group menu and pointing out any special dietary requirements;
- asking about arrangements for advance payment.

You may include any other requests or comments you think relevant. (Write about 100 words.)

# LINIENFAHRPLAN '89

| BERGFAHRT — weseraufwärts | | | | | 1.Mai — 30. September | | | TALFAHRT — weserabwärts | | | |
|---|---|---|---|---|---|---|---|---|---|---|---|
| | K 11 | K 15 | K 7 | K 1 | | | | K 12 | K 8 | K 14 | |
| | täglich | | | | | | | täglich | | | |
| 9.00 | 15.45 | | | ab | **Höxter** | L | | an | 12.05 | | 15.40 |
| 9.25 | 16.10 | | | | Boffzen | R | | | 11.45 | | 15.15 |
| 9.50 | 16.30 | | | | Fürstenberg | R | | | 11.30 | | 15.00 |
| 10.15 | 16.45 | | | | Beverungen-Wehrden | L | | | 11.20 | | 14.50 |
| 11.15 | 17.40 | | | | **Beverungen** | L | | | 10.50 | | 14.20 |
| 12.00 | 18.30 | | | | Beverungen-Herstelle | L | | | 10.15 | | 13.45 |
| 12.20 | 19.00 | | | an | **Bad Karlshafen** | L | | ab | 10.00 | | 13.30 |

**—Gruppenanmeldungen werden dringend empfohlen—**

## Essen an Bord unserer Schiffe

### ist preiswert, reichlich und wird frisch zubereitet!

Sie ersparen sich die Suche nach einem Restaurant und gewinnen viel Zeit. Während die Landschaft vorbeizieht, probieren Sie leckere Speisen aus dem Bordrestaurant,**z.B.**:

| | |
|---|---|
| Fleischbrühe mit Ei | **DM 4,—** |
| Schweinebraten mit Rotkohl und zwei Knödeln | **DM 12,—** |
| Kirschkompott mit Vanillesoße | **DM 3,—** |

oder probieren Sie unsere hausgemachten Eintöpfe, z.B.:

| | |
|---|---|
| Große Portion Linsensuppe mit Rauchwürstchen | **DM 7,—** |

Diese Angebote sind nur eine Auswahl aus unserer Speisekarte für Gruppen (ab 25 Personen) und werden **nur bei vorheriger Anmeldung** zubereitet.

**Deshalb: Fordern Sie unsere Speisekarte an.**

**Und:** Bestellen Sie mindestens 1 Woche vorher. Dann verlassen Sie zufrieden unsere modernen Schiffe und kommen gerne wieder.

Auf Wunsch führen wir gerne Sonderfahrten durch. Wir schicken Ihnen auch Vorschläge für Ihr Programm, über Sehenswürdigkeiten, Besichtigungen und Übernachtungsmöglichkeiten.

**Oberweser Dampfschiffahrt GmbH**
**Postf. 10 08 42 · Inselstraße 3**
**3250 Hameln 1 · ☎ 05151/22016**

[Midland Examining Group, Higher Level, June 1989]

**28** Write **in German** to the youth hostel warden (der Herbergsvater) in Lübeck to book *two* nights accommodation for the 7th and 8th of July. State the number of people you are booking for and whether they are male or female. Ask him to confirm that there are places available.

(Write approximately 25–35 words.)

[Southern Ireland Examining Board, Intermediate Certificate, June 1988]

**29** Your German friends in Kassel have invited you to share a holiday house with them on the Baltic coast.

Write a letter **in German** to your friends and:

- ask them to make all the necessary arrangements for you and your family (e.g. rent, payment, etc.);
- tell them you would prefer not to go in high season, indicating when you will be free;
- give reasons why you would prefer to be directly on the coast, or not, as the case may be;
- give them some idea of the facilities you would like to have nearby;
- enquire about their catering plans, offering to bring food if necessary.

You may include any other relevant questions or information. (Write about 100 words.)

[Midland Examining Group, Higher Level, June 1989]

**30** You are employed by a printing firm and at last year's DRUPA-Messe in Düsseldorf you made friends with a rep for a Bonn paper company.

Write a letter to him/her **in German** and,

- explain you are looking forward to visiting his/her stand at this year's trade fair;
- say when you will be there;
- say where you will be staying;
- suggest you meet for a meal or drink;
- mention that this could not be on a particular day because you have a meeting with a client.

You may include any other relevant information. (Write about 100 words.)

[Midland Examining Group, Higher Level, June 1988]

**31** Your company, Helios Communications, has received the letter overleaf.

Write a formal business letter **in German** in reply and,

- acknowledge its receipt;
- confirm Messrs Hunkeler and Zobelli's arrival and departure times and dates;
- explain the arrangements your firm has made for them at the airport;
- confirm whether or not the suggested programme is acceptable;
- give details of any arrangements your firm has made for the visitors.

(Write about 100 words.)

**TECHNIKON**
**Zürich AG**

**CH-8021 Zürich**
**Schweiz**

**Tel (01)9943778**
**Telex 886633**

Helios Communications
Orwell Way

Ipswich

ENGLAND IP16 3PZ

attn Mr. P. Smith

| Ihr Zeichen | Ihr Schreiben vom | Bearbeitet durch | Zürich |
|---|---|---|---|
| | | Rt/mf | 16.06.1988 |

Abnahme des ersten Serieloses Be56 Rechner

Sehr geehrter Herr Smith

Nachstehend teile ich Ihnen die Reisedaten von Herren Hunkeler und Zobelli sowie das Programm mit:

1. Reisedaten Herr Hunkeler

   Ankunft London Heathrow: 9. September 1988, 17.55 Uhr (Flug SR 806)
   Abreise London Heathrow: 12. September 1988, 11.15 Uhr (Flug SR 803)

2. Reisedaten Herr Zobelli

   Ankunft London Heathrow: 9. September 1988, 17.55 Uhr (Flug SR 806)
   Abreise London Heathrow: 18. September 1988, 11.15 Uhr (Flug SR 803)

3. Programm

   -Information von Helios über Neuerungen an der Testanlage (Hunkeler)

   -Abnahme der zehn Be56 (Zobelli)

   -Visuelle Inspektion von Modulen des zweiten Loses (Hunkeler, Zobelli)

Wir bitten Sie um Bestätigung. Bitte veranlassen Sie ausserdem, dass unsere Herren vom Flughafen abgeholt und wieder hingebracht werden.
Besten Dank.

Mit freundlichen Grüssen
TECHNIKON ZUERICH AG

F. Schuster

F. Schuster pp L. Klein
Projektleiter
Arctic Fox

cc. GKG
Herrn U. Ullmann
Geschäftsführung Arctic Fox
Am Ring 10
3000 Bern 19

[Midland Examining Group, Higher Level, June 1988]